世界の半分、女子アクティビストになる

ケイリン・リッチ

寺西のぶ子 訳

晶文社

もくじ

イントロダクション
これは、女子のための本 　004

第1章 女子の
抵抗力を
パワーアップ 　008

第2章 初めての
運動プランを
立てる 　042

第3章 抗議する、
署名を集める、
行動を起こす 　068

第4章  メッセージング、
メディア、動員 　112

もくじ

第5章 女子の革命のための資金集め　150

第6章 グループの力とメンバーの結集　182

第7章 声をあげる、支持する　214

第8章 自分と自分のコミュニティーを大切にする　240

GIRLS RESIST! A Guide to Activism, Leadership, and Starting a Revolution by Kaelyn Rich
Copyright © 2018 Kaelyn Rich
Japanese translation rights araranged with QUIRK PRODUCTIONS, Inc.
through Japan UNI Agency, Inc., Tokyo

本文イラスト／Giulia Sagramola　　装丁・イラスト／鈴木千佳子

イントロダクション

これは、女子のための本

この本は、言いたいことがある女子、胸のつかえを下ろしたい女子、声をあげて不公正をぶった切ろうとする女子のための本。

この本は、堂々と生きたい女子、お腹の底に熱く燃える炎を持つ女子、世の中を知って頭に来ている賢明な女子のための本。

この本は、不平等にうんざりしている女子、すべての人が公平に扱われる世界を信じる女子、自分の権利と他の人の権利を心から気にかけている女子のための本。

この本は、にぎやかな女子、無口な女子、内気な女子、社交的な女子、学歴のある女子、生活力のある女子、おもしろい女子、まじめな女子、そのすべてをちょっとずつ持ち合わせている女子のための本。

この本は、女子のために書いた本——そう、あなたのために書いた本です。なぜって、私も昔は女子だったから、今は女子のママだから、女子が世の中を変えると心の底から信じているから。これまでも、本当に女子が世の中を変えてきたから。女子が起こす改革はずっと昔に始まって、今も続いています。

『世界の半分、女子アクティビストになる』は、今すぐ行動を起こしたい人のためのガイドブックであり、発射台です。読めば、運動の始め方、

オンラインの署名活動のやり方、理念を貫くための募金の方法、プレス対応など、あらゆることがわかります。行動を起こして歴史を変えた実在の女子や、今、活動の真っ最中の女子の話を知ることもできて、地元であろうと学校であろうと、自分の国であろうと、世界であろうと、あらゆる舞台で変化を起こすためのロードマップの書き方もわかります。

女子が立ちあげる運動が大切なのは、女子は大切じゃないと思われがちだからです。しかも、「きみたちは大切じゃない」なんてあからさまに言われるわけでもなく、そういうひどい考えがいつも大っぴらになっているとは限りません。それとなくほのめかされたり、隠されたりしている場合も多いのです。

20年、30年前に比べれば、女子の活躍の場は確かに広がりました。女子は男子に比べていまだにすごく過小評価されているとはいえ、今ではほぼすべてのスポーツに参加できるし、STEAM（サイエンス、テクノロジー、エンジニアリング、アート、マセマティクス）の分野で秀でる女子もかつてないほど増えました。医科大学院や法科大学院に入学する女子は男子よりも多く（＊0-1）、大学を卒業する女子の数も男子を上回っています（＊0-2）。それでもやっぱり、女子は大切じゃないと言われていると私は思います。なぜなのでしょう？

思い起こせば、子どもの頃の私は、自分はかわいく見えないといけな

＊0-1　2018年の医科大学院入学者の内、女性は51.6パーセント（アメリカ医科大学協会）。2018年の法科大学院入学者の内、女性は53.0パーセント（アメリカ法曹協会）。2018年の日本の国公私立医学部医学科入学者の内、女性は38.1パーセント、法科大学院の入学者の内、女性は27.6パーセント（政府統計ポータルサイト e-Stat）

＊0-2　アメリカの大学卒業者数は、2014年以降、女性が男性を上回る（統計ポータルサイトStatista）。日本の2017年度大学卒業者数は、男性305,325人、女性260,111人（政府統計ポータルサイト e-Stat）。

い、痩せていないといけない、白人のようにしないといけないと感じて
いました。(男子にとって)魅力的であることが何よりも大切と考えてい
たのです。自分が男子だけでなく女子にも魅力を感じるのを隠していて、
ほぼ全員が白人のクラスのなかの韓国人で、太っていて、自分らしくす
るのが怖かった。自分は無力で、肩身の狭い環境や、周りの世界のアン
フェアに見えるあらゆることに立ち向かえはしないと感じていました。

　でもあるとき、他の人たちのため、そして自分のために発言する権利
が私にもあると気づきました。どこも変えなくても、今のままでも美し
くなれるとわかりました。何かが間違っていると腹の底で感じ、いい方
向に変えたいと思いました。それで、子ども時代のボランティアや人助
けへの情熱を、社会正義を求める運動に向けたのです。私は、少女時代
の私と変わっていません。その頃のまま大人になりました。

　時代とともにさまざまな変化は起きましたが、女子は今でも多くの偏
見や誤解に直面しています。女子は幼い頃からメディアやおもちゃを通
じて、女の子は見た目や印象が大切だと思わされて育ちます。一方、男
子は、男の価値は成果や能力で決まると教えられて育ちます。社会が、
女子は周囲に受け入れられるように自分を変えなければならない、中身
よりも外見が大切だと思わせるのです。

　こんなめちゃくちゃな考え方は不平等の連鎖につながり、大勢の女子
や女性が自信をなくしたり鬱になったりするうえに、女子の方が収入が
少ない、貧困に陥りやすいといった結果を招きます。女子には模範とな
るパワフルな女性が少なく、必要なものを利用できる機会も少なく、法
によって権利が制限されている場合もあります。そんなの、絶対におか
しい。

　声をあげるなら、真剣に受け止めてもらうべきです。いろいろな問題
に関心を持って、私たちは極めて重要な社会の一員だと示しましょう。

差別やハラスメントに抵抗するときは、どんな結果になろうとも自分たちのために立ち上がるというメッセージを送りましょう。誰かのために戦うときは、どんな場合も不正は許さないとはっきりさせましょう。世界は、抗議する女子の声を必要としています。女子が組織する女子の抵抗を必要としているのです。

世界はあなたを必要としている！

運動とは、ある理念について支持したり反対したりして、変化をもたらすめに起こす行動。

第 1 章

女子の
抵抗力を
パワーアップ

ジャンヌ・ダルクから

（もしかしたらもっと古くから）

マララ・ユスフザイまで、いつの時代にも、

人々の先頭に立って抵抗してきた女子がいた。

これはただの偶然じゃない――

女子は生まれてからずっと不平等を味わい、

不平等がどういうものかわかっている。

自分たちで立ち上がらない限り、

代わりにやってくれる人はいなかった。

これ以上黙っていられないから、声をあげる。

大きな運動は1人じゃできないから、助け合う。

女子が立ち向かうのは、気になる問題があるから、

怒っているから、賢いから、

そして、たくましいから。

さあ、もっとパワーアップ！

◆

私は信じます、

言葉はたやすいと。

私は信じます、

真実は取った行動のなかで語られると。

そして私は信じます、

よりよい世界を望む私たちの要求を

大勢の普通の人が行動で後押ししてくれると。

そうしたら、私たちはとてつもない、

驚くべきことを本当に成し遂げられると。

ジョディ・ウィリアムズ

アメリカの平和運動家、1997年ノーベル平和賞受賞

◆

ケイ

リンはいつも、弱い方を応援するのね——私はママに、よくそう言われました。なぜそうしていたかというと、苦しい立場の人を助けることにすごく関心があったからです。いじめっ子には、きっぱりと言い返しました。不当な扱いを受けるのがあたり前な人など1人もいないと、当時も今も信じています。あなただって、きっとそう。

　成長するにつれて、人生はどんどんややこしくなります。人に合わせなきゃならない、相応にかわいくしなきゃならない、誰からも好かれなきゃならない、とプレッシャーを感じます。でも私には、ちょっと違う気持ちがありました——白人ばかりが暮らす町のただ1人の韓国人で、養子で、引っ込み思案の変わった女の子で、勉強のムシで、自分のルックスには自信がないから——みんなとは違う人、とりわけ私と同じようなアウトサイダーに、自然と共感を持つようになったのです。

　それに私は「参加したがり屋」でもありました。たとえば、学校のクラブ活動では、地域のボランティア活動——道ばたのゴミ拾いから、フードバンクの箱詰め作業、年下の子たちの家庭教師まであらゆること——をしました。友人たちと一緒に、貧困者向けの炊き出しの手伝いも始めました。はじめてシフトに入ったのは13歳のときで、ある女性が私より年下の子どもをふたり連れて食事をもらいに来ました。なんだかショックでした。中流の家庭で育った私は、ひもじい思いをしたことがなく、住む場所に困った経験もありません。通っていた学校には、安心して暮らせる住まいや生活必需品を手に入れるのがむずかしい子どもたちはいたけれど、困っているところをじかに見るのははじめてでした。当時はその気持ちをどう表現すればいいかわかりませんでしたが、今ならわかります。自分には、**社会の階層による特権**、つまり家庭の収入レベルによって得られるひとそろいの特典（家、三度の食事、着るもの）があると

-011-

いう事実を突きつけられて動揺したのです。その炊き出しのボランティアを数年間続けて、食べ物を求めてくる人がいかに多いかを思い知りました。そして自分にはボランティアへの情熱があるとわかり、いつの間にかフェミニスト運動にどっぷりとはまっていきました。

　私たちは恐ろしい時代に生きています。天然資源は無駄に消費され、汚染され、消失しかけていて、世界のリーダーたちは、女性や女子、肌の色が黒い人や茶色い人、移民、イスラム教徒、トランスジェンダー、ゲイ、レズビアン、バイセクシュアルといった人たちをあからさまに敵視します。社会的に弱い立場の人たちは、自分を守ってくれるはずの人からの暴力におびえています。

生きることが危うい時代。

　どんどん積みあがっていく社会的、政治的問題をどう理解すればいいか、それにどう立ち向かえばいいかがわからなければ、どこから手をつければいいかもさっぱりわからず、途方に暮れ、くたびれ果てるかもしれません。でも、あなたはすでに大切な一歩を踏み出しています——**ここに私といるじゃない！**

　あなたがこの本を開いたのは、活動家（アクティビスト）になろうとしているからかもしれません。あるいはすでに活動家（アクティビスト）で、スキルを磨いたり洗練させたりしたいと思っているからかも。世の中には他にも情熱的で勇敢で頭の切れる女子がいるって前々から密かに気づいていて、一緒に女子の抵抗力をパワーアップさせたいと思っているからかも。通学の服がヘンだと言われたり、ネットで意地悪をされたり、学校で何か言うと無視されたりするのにうんざりしているからかも。でも、理由が何であれ、この本を開いてくれたことが私はうれしいです。

　この章では、今の女子はどういう不平等な扱いを受けているのか、それが草の根運動とどうつながるのか、一歩踏み出して変化を起こすには

どうすればいいのかを、知ってもらいたいと思います。

さあ、やってやろうじゃない！

~~~~~~

運動の初級講座
草の根の力　VS　肩書の力

　運動とは、ある理念について支持したり反対したりして、変化をもたらすために起こす行動。思い切りかいつまんで言うと、より多くの人のためになるように、社会のなかの力関係を変えていくことだ。現実にどういうことかを理解するには、社会のなかのどんな権力がどう使われているかを知らないといけない。

　草の根の根っこにあるのは——駄じゃれみたいだけれど——一般の人、普通の人、あなたのような人の力だ。草の根運動は、グループで行う。究極のDIY社会変革と言ってもいい。草の根運動では大勢の力を使って、**肩書の力**、あるいは仕事、身分、財産、アイデンティティー、社会的地位などによる権力を持つ人や組織に対して立ちあがる。もっと具体的にって？　いくつか例を挙げてみる。

◆ アメリカの大統領は、アメリカ合衆国に住むすべての人に対して、絶大な肩書の力を持つ

◆ 学校の先生は、生徒に対して肩書の力を持つ

◆ 校長先生は、先生や生徒に対して肩書の力を持つ

◆ CEOは、社員に対して肩書の力を持つ

第 1 章　女子の抵抗力をパワーアップ

　なぜそうなるのだろう？　多くの組織（学校、会社、国など）は、階層的な構造で動いている。別の言い方をすると、それぞれの組織がきちんと機能を果たすためには、何をすべきかをみんなに指示する人物がいないと困る。

　たとえば、学校の先生には生徒に宿題をさせる力があるから、みんなが宿題をする（「宿題なんて、出てなかったよ！」っていつも言うタイプの子はそれでもしないけど）。先生の力と生徒の力の差は**社会構造のなかの不公正**で、そういう不公正があると肩書の力が生まれる。学校のなかなら、そういう力がどう働いているかは簡単にわかる。校長は先生を指導し、先生は生徒にテストを受けさせたり宿題を出したりする。でも社会のなかでは、そういう構造は見えにくいし、わかりにくい。場合によっては、**特権**というものが影響して、社会の特定の人が力を得ている。

　人にはそれぞれ特性があって、その特性が今の自分を形作っている。優遇される立場の特性を持つ人たちには、特権という力がある――その人たちが要求して得た力ではなく、その人たちに自然と備わる力だ。社会は、人を社会的、政治的、文化的価値によって判断して影響力や権力を与え、**社会のなかの構造的な特権**を生み出している。

　ある特定の信念を植えつけられて育つと、その考えを変えるのはむずかしいかもしれない。人々の背景を理解して新たなアプローチを考えれば、変化を生み出せるだろう。
　　　　サーニート・サラン：ティーンエージャーのメンタルヘルス活動家

権力があるのはどんな人？

　権力の大きさは、人種、民族、性別、性的指向、宗教、財産、職業や役職、学歴、服装、行動、その他さまざまな要因で決まる傾向がある。

　16ページの絵を見てほしい。権力が一番大きいのは誰だと思う？　最初に目が行くのは、スーツ姿の白人男性？　もしそうなら、なぜ一番権力が強いと思った？　この人に構造的な特権があると思ったのは、なぜだろう？

　権力が一番弱そうなのは誰？　幼い女の子？　どんな特性からそう思った？

　それ以外の人たちは、構造的な権力や特権の点でどう比較すればいいだろう。ある部分では権力を持っていても、他の部分では持たなかったりする。あなたと比べて権力が強い人、弱い人は誰で、それはどんな部分だろう？

　こうして考えてみると、たぶん知らず知らずのうちに、特権や力関係について自分なりの理解をしているのがわかる。勉強して学んだわけではなく、日常生活のなかで自然に身についてきた可能性が高い。次に挙げることを、ちょっと考えてみてほしい。

◆ 見たり読んだり体験したりしたことから、構造的な権力について知識を得ている

◆ 日々の生活のなかで、権力を持つ人、持たない人を見てきた

◆ 権力があると自分で感じることがある

◆ 権力がないと自分で感じることがある

第 1 章　女子の抵抗力をパワーアップ

私たちは、日々遭遇するささいなことや微妙なことから、重要人物は誰か、影響力を持つのは誰か、社会で一番尊重されるのは何かなど、力関係について学ぶ。そして、主人公の女子が男子に助けられるストーリーの映画を見るたびに、女子は男子より弱いというメッセージを与えられ、ママとパパがいる家族の本を読むたびに、片親の家庭や、ゲイやレズビアンが親の家庭は「普通」とは違うというメッセージを与えられ、主なキャストが白人俳優ばかりのテレビ番組を見るたびに、白人の話がいちばん重要だというメッセージを与えられる。

大勢の力

　もう一度幼い女の子の絵を見てほしい。この子が泣いたらどうなると思う？　大人はこの子より権力があるかもしれないが、この子は大人がやって来て抱きあげてくれるまで泣き続ける。社会構造のなかでは幼い女の子に力はないけれど、大声をあげたら大人は**無視できない**。草の根運動も同じこと！

　草の根運動は、構造的な権力が自分より大きいグループに対して、一般の人が力を合わせて声をあげ、変化のための運動を立ちあげる活動だ。たとえば、あなたの学校の生徒全員が団結したら――不公正な服装のルールに抗議するためとか――校長はみんなの一致したメッセージを簡単には無視できないだろう。それが草の根の力。**それが大勢の力**。

　不正に怒る人たちと一緒になって、ただ怒るだけではだめ。あなたの学校の女子全員が服装のルールに性差別があると思っているとしても、思うだけでは変化なんてまるで起こらない。変化のためには**団結**しなきゃ。みんなで一緒に声をあげれば、声は届きやすくなる。権力を持つ相手にとっては、聞きたくない声だとしても。

　この本を読めば、変化のために団結したり、抵抗する女子の活動家（アクティビスト）と

して力を発揮したりするための、スキルや戦略が身につく。だけどまずは、特権や権力が、女子にとっていかに不利に働いているかという具体例を、いくつか調べてみよう（ましになったことも少しはあるけど）。

女子でいるのは楽じゃない

　活動がどんなものかわかったところで、今度はその裏にある**理由**を掘り下げてみる。女子が抵抗運動をするのは、反撃しなきゃならない不公正が山ほどあるから。女子が自ら革命の先頭に立つことが大切なのは、**女子でいるのは楽じゃない**から。

　世の中のシステムは、ありとあらゆる方法で私たちを不利な状況に置く——私たちはすぐに、それに慣らされてしまう——そして、私たちのほとんどは、そういう仕組みがある社会、つまり**男性優位主義**の社会で暮らしている。

　男性優位主義とは、男性が政治、社会、文化など、あらゆる分野で一番大きな権力を持つ社会システムのこと。アメリカ合衆国でも、他の多くの国でも、政府や社会はほぼ男性優位主義だ。このシステムには学校や会社のような建物はないけれど、肩書の力で人々を階層的に——女性の階層は男性よりもずっと低い——コントロールする。

　確かに、女性に選挙権がなく、家の外で働くことが許されず、結婚相手も選べなかった古い時代から見れば、今の世の中は隔世の感がある。でも、少しぐらい勝ち取ったものがあっても、闘うべき問題がなくなったわけじゃない。男性優位主義はまだまだ存在する。女性は素足の足首を見せちゃいけないとか、財産権がないとか、そんなあからさまなことは多くの国ではなくなったけれど（どちらも昔は実際にあった）、今も差

別は間違いなくある。

　女子の生き方を検証しながら、女子の人間性を少しずつ破壊するあらゆる性差別に目を向け、どう行動を起こして反撃すればいいかを考えよう。

性役割

　女子は幼い頃から、性別のせいで、つまり女の子だからという理由で、男子と違った扱いを受ける。生まれた直後から、大人たちの話しかけ方、扱い方が違うのだ。女の子ならたいてい、かわいいね、愛らしいねと褒められ、男の子なら、たくましいね、強いねと褒められる。また、女の子は礼儀正しく、おとなしく、気が利くように教えられ、男の子は積極的で、タフで、活発なのがいいと言われる。おもちゃにしても、女の子には洗濯や料理のまねごとができるもの、世話をする赤ちゃん人形、洋服やファッションに関するものが与えられる傾向がある――家事や育児に親しませるためだ。一方で男の子には、車やトラック、科学実験セット、プラモデルなど、問題解決や物作りの能力を養うおもちゃが与えられる。おかげで小さい女の子は何から何まで――といっても家のなかのことだけ――できるイメージ、つまり子どもを持ち、掃除をして、化粧をする将来のイメージを持つようになる。男の子は、宇宙飛行士、アスリート、消防士などになるのがいいというイメージを持つ。

　このような違いは**性役割**、すなわち性別によってどう育つのが自然で適切かというステレオタイプの考えから生まれる。たとえ両親がステレオタイプの考えをあなたに押しつけなくても、性役割はそこらじゅうにはびこっている。女子向けの雑誌を見てみるといい。ほとんどが、ファッションやダイエット、ゴシップの記事ばかり。それに対して男子向けの雑誌は、力強さや車、セックスのことばかり。男性が女性のためにドアを開けて押さえておくというちょっとした行為も、性役割の現わ

第 1 章　女子の抵抗力をパワーアップ

れだ——女性には助けが必要だなんて、思い込みでしかない。

　私たちは、そういう概念や思い込みになかなか気づかない。だって、性役割はごくあたり前の慣習だから。慣れっこになっているから。だけど、もしもあなたが、ステレオタイプ的に「ガーリー」なものが大好きだとしても、ぜんぜん構わない！　私だって化粧も服も大好きだもの。あなたが純粋にそう思うのなら、性役割と一致するものが好きでも、何も悪くない。実際、自力で慣習から抜け出すのは、とてつもなく大変でもある。性役割が不公正な制限となるのは、強制されたり、そういうルールに従わなきゃならないと感じたりする場合だ。

　性役割はまた、**性別二元制**という考え方も押しつける。性別はふたつ——男子と女子、男性と女性、雄と雌——にしか分類できないという考え方だ。でも世の中には、他にも多くの性自認^{ジェンダー・アイデンティティー}がある。決して、ふたつしかないわけじゃない。というか、2ダースくらいある（もっと多いかも）！　たとえば、流動性のある性自認を持つ**ジェンダー・フルイド**の人たちは、ある日は女子に近く、ある日は男子に近く、両者の間のどこかに固定されない。他にも、**ジェンダー・エクスパンシブ、ノンバイナリー・ジェンダー**など、男性か女性かの二者択一にあてはまらな第三の性があり、その人たちの性別は一定の枠にすっぽりとは収まらない。

　子どもも大人もさまざまな性自認を持ち、さまざまな呼び方で性別を表現しているのに、性役割はあらゆる人を狭い定義の小さな枠に押し込める。女という性役割の枠に入ると、もの静かにしなければならず、魅力的な見た目が大切で、どんなときも男より頭が切れたり力強かったりしてはいけない。その枠のせいで、自分がそういう特色に合わないと——ほとんどの女子がそうだけれど——息が詰まりそうになることもある。でも私たちは、出口をこじ開け、真摯に受け止めて公平な扱いをし

てほしいと要求できる。

さあ、反撃！

性役割にバツ印

友人や仲間を集めて、Tシャツ作りの会を開こう。布用サインペンで、まず「私は」と書き、その続きにステレオタイプの「ガーリーな」特色を書く。たとえば、「礼儀正しい」とか、「おとなしい」とか、「かわいい」とか。次に、その特色をバツ印で消して、下にもっと個人的でポジティブな言葉──「頭が切れる」、「強い」、「熱い」、「パワフル」、「自信がある」、「ユニーク」──を書く。みんなで同じ日にそのTシャツを着てソーシャルメディアに写真を投稿し、仲間を増やそう！

服装のルールと対決

あなたの学校には、女子の服装を制限する性差別的な校則（細い肩ひもや膝上丈のスカートは男子を「惑わす」からと禁止する、理不尽なルールなど）がある？　校則は、女子と男子で違いがある？　トランスジェンダーの生徒や、男性にも女性にも当てはまらない**ジェンダー・ノンコンフォーミング**の生徒は、自分に合った服を着てもかまわない？　署名や抗議をしたり、メディアを利用したりして、そういう差別的な校則がなぜ侮辱にあたるのかについて認識を高め、校則を変えるように学校に要求しよう。

二元制をぶち壊そう

どんな言い方が望ましいかという問題。ノンバイナリー・ジェンダーの人にも当てはまる言葉を身につ

第 1 章　女子の抵抗力をパワーアップ

ける。練習しよう。覚えよう。他の人にも教えよう。例を挙げるから。

> 私は知っている、深い孤独感や恐怖心のなかで生きるとはどういうことなのか。私は知っている、決まりきったように誤解され、無視され、標的にされるのがどういうことなのか。世界中の私みたいな女子は、この現実を嫌というほど知っている。有色人種のトランスジェンダーやノンバイナリーの人に虐待や危害を加えることは、法的には禁止されている。でも文化になってしまっている。そう求められることがある。させられてしまうこともある。だから私は闘う。
>
> 賢人グレース・ドラン＝サンドリノ：アフリカ系ラテンアメリカ人、10代のトランスジェンダー俳優、作家、ジャーナリスト、活動家(アクティビスト)

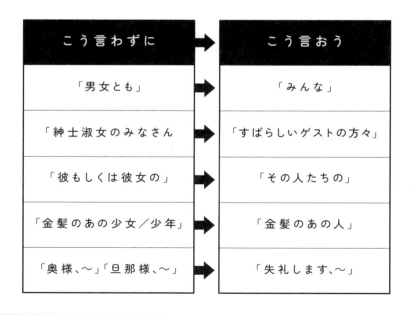

こう言わずに	こう言おう
「男女とも」	「みんな」
「紳士淑女のみなさん」	「すばらしいゲストの方々」
「彼もしくは彼女の」	「その人たちの」
「金髪のあの少女／少年」	「金髪のあの人」
「奥様、〜」「旦那様、〜」	「失礼します、〜」

自信の格差

　学校で習ったすべての男性を思い出してみて。作家、世界のリーダー、科学者、詩人、その他にもたくさん。次はすべての女性を思い出して。何人の名前を言える？　私たちの社会では、男子はどんな希望も叶う自分の将来を簡単に想像できる。さまざまなことを成し遂げた男性について学ぶから。でも女子は、模範になる人が少なく、男性に備わる構造的な権力も手に入らない将来を想像しないといけない。その結果、多くの女子は自分を男性と比べ、学ぶべき成功者が男性ばかりなので、自分には成功する能力がないと無意識のうちに思い込む。

　こういう小さな自己不信は、積もり積もってとてつもない無力感となる――しかも、始まりは幼い頃だ。2017年のアメリカ科学振興協会の研究によると、5歳の女子は、男子も女子も同じように「えらい」と考えるのに、6歳の女子は、男性と女性の写真を見せて「えらい」方を選ばせると、女性を選ぶケースが少なくなる。男子は、「すごく、すごく頭がいい」のはどちらかと聞かれると、65パーセントが自分と同じ性別を選んだ。女子は、たったの48パーセントしか自分と同じ性別を選ばなかった！

　このような自信の格差は、大人になっても続く。2015年に行われた48ヵ国の成人男女を対象とした調査では、国や文化に関わりなく、女性は男性よりも自尊感情が低かった。これは大問題。自尊感情が低いと暗い気持ちになるから、というだけじゃない。自信がもてなければ、むずかしそうな仕事や役職に挑戦する意欲ももてなくなる。そして、影響力や意思決定力がある立場の女性が少なければ、権力のある人たちは女性の利益や幸福を考えなくなる。

　自信の格差は、賢く強く行動的になろう、いけてるインターネットミーム（爆発的に拡散されるおもしろい画像）を作ろうと女子を励ますだけでは、

-023-

なくなりそうにない。そうするのも、ひとつのスタートには違いないけれど。おそらく、男女が公平な条件で闘えるようにならないと、そして女性が男性と同等の構造的な権力を手にしないと、なくならない。女子は互いに励まし合い、ためらわずにリーダーの役割を担い、強くなって世界へ飛び出し、断固として女子の未来を作り出さないといけない。それに、女子同士の競い合いはやめないとね。だいたい、何かというと競わされそうになるから。

子ども時代の女子同士は姉妹みたいな関係。姉妹みたいだからお互いを家族のように思い、仲間を引きあげ、一致団結して日々抵抗する。

さあ、反撃！

フェミニストグループを立ちあげる

マイナス思考の独り言を封じる強力な手段のひとつは、頭が切れて世話好きな女子に囲まれること。一緒にいると強くなれると感じるし、不安や動揺を感じたときに安心して話ができる。ソーシャルメディアを利用したり、フェミニストや活動家(アクティビスト)のリーダー養成プログラムに参加したりして、友だちを作ろう。

異なる世代と交流する

地元の女性企業家団体、女性リーダーの組織、フェミニストグループなどに協力してもらい、大人の女性に10代の女子とペアになってもらって、いろいろと教えてもらったり仕事に関するアドバイスをもらったりする。職場体験をさせてもらうのもいいし、ただ一緒にお茶を飲むだけでもいい。あ

るいは、異なる世代と一緒に性差別や自信に関する体験を語る女子討論会を主催する。

> ## 自分に
> ## 投資する

外に向かうばかりが活動ではない——ときには活動の方向を自分に向けると、いい効果が生まれる。もしかして、太っているとか痩せているとか、自分のボディは問題だと思っている？　それなら、ソーシャルメディアでボディポジティブ（ありのままの自分を愛する自己肯定的な考え）な女性をフォローしよう。鏡を見るたびに、自分のいいところを何か言ってみて。自分は何に一番不安を感じるかを理解して、それとまっすぐに向き合おう！

無意識の偏見

　人はやっぱり、人でしかない。悪気はないにせよ、女性の可能性を制限するステレオタイプの考えを基に微妙な判断をしてしまう。あらゆる性別のあらゆる人が、あらゆる職業に就けるはずなのに——当たり前だ——どんな職業が女性にふさわしく、男性にふさわしいかという古くさい（しかも、明らかに、完全に間違っている）考えがはびこる男性優位の世の中で、それをかなえるのはむずかしい。女性がエンジニアなど、STEAMの分野で職を探しても、同程度の能力の男性と比べると採用される可能性が低い。なぜ？　それは、性別に関するステレオタイプの考えのせいで、女性の経歴がどれほど立派でも、スキルが劣ると見なされてしまうから。女性には家事、育児、介護の方が向いているという先入観によって、不利な立場に置かれる。人事部長が理不尽で性差別的な人だから？　そうとは限らない——単純に男性の志願者の方がよさそうという直感でそうするのかもしれないし、自分でも気づかないうちに、自覚せずに、ステレオタイプの考えに従っているのかもしれない。

第1章　女子の抵抗力をパワーアップ

　こういう無意識の差別を、**無意識の偏見**という。人種、性別、性的指向、宗教、能力など、アイデンティティーにかかわる要素で判断される場合が多い。早ければ3歳の幼児でも、人種に関する無意識の偏見を身につけているとする研究もある。

　性別のステレオタイプに関する無意識の偏見は、まだ小学生のうちから、女子の人生にきわめて重大な影響を与える。学校の先生に「女子は算数ができない」という考えがあると、それを言葉にしなくても、そんな考えが自分にあると自覚さえしていなくても、悪影響を与える可能性がある。女子の算数の能力に対する無意識の偏見を意識しない先生は、女子の能力を低く見る傾向がとても高い——そして調査によると、先生にネガティブなステレオタイプの考えがあると、女子の点数は実際に低くなりがちだ。けれども、女子も男子も能力は同じだと先生が言うと（もちろん、本当のことだ）、テストの点差はなくなる。

　無意識の偏見は、多くの（大部分ではないにしても）社会的弱者に影響を与える。たとえば知能に関して、白人の子どもは人並み、アジア人の子どもはとても優秀で努力家という先入観があると、結果として黒人、ラテンアメリカ系、その他の有色人種の子どもたちは、学校で評価や注目を得にくくなる。また、ヒジャーブ（イスラム教徒の女性が頭や体を覆う布）をつけた女性は虐げられているという思い込みがあると、ヒジャーブ姿の女性が買い物をしたり通りを歩いたりしているだけで、そういう目を向けてしまう。

　無意識の偏見と闘うには、これまで説明してきた性役割に対するあらゆる先入観を押しのけなきゃならない。でも同時に、無意識の偏見の存在に気づくことも必要。悪影響を与えるメッセージをはっきりと知らなければ、効果的な対抗メッセージを発することはできない。とにかく、「女子は何だってできる、どんなことだって」と言うからには、本気でや

-026-

らなくちゃ。

~~~~~~

さあ、反撃！

自分をテストする　自分に偏見があるかどうかを知ると、いい活動家（アクティビスト）になれる。自分からすすんで偏見を捨てる対策がわかるから。だけど、どうすれば自覚がないものを捨てられる？　ハーバード大学のウェブサイト、「プロジェクト・インプリシット」(https://implicit.harvard.edu) で、無意識の偏見テストに挑戦してみて。さまざまな言語で利用できて、性的指向、障がい、人種や民族等、幅広いテーマを取りあげている。自分の脳が無意識のうちにどんな関連づけをしているかがわかったら、びっくりするかも！

女子の科学発表会を開く　学校や家の近所で計画してみる。年下の女子に簡単な理科の実習をしようと提案するのもいい。暗闇で光るきらきらのスライムを作るとか！ ウェブで検索すれば、作り方は山ほど見つかる。

「私はステレオタイプじゃない」プロジェクト　ソーシャルメディアを利用して、ステレオタイプを非難するキャンペーンをしよう。みんなに自撮りをしてもらい、ハッシュダグ #iamnotastereotype（私はステレオタイプじゃない）をつけて、どうやってステレオタイプをやめたかを投稿してもらう。あるいは、偏見やステレオタイプをやめた人たちを描いたポスターを作って学校に（許可を得て）貼り、話題のきっかけを作る。

性別による賃金格差

どう思う？　こんなことが、あなたが大人になっても続いているとしたら！　その昔、女性には就くことさえ許されない仕事があった——新聞の求人広告も、女性欄と男性欄に分かれていたくらい。足がかりを作るのさえむずかしかったのだから、女性がそういう仕事で秀でるには、もちろんとんでもない苦労があった（りっぱに成し遂げた行動的で戦闘的な女性もいた。その人たちって、ホントにすごい）。

ありがたいことに（そういう先駆的な女性のおかげもあって）、今では世界の多くの国や地域で女性と男性が同じ職業に就く機会があり、アメリカでは（＊1-1）性差を理由に職業の機会を奪うことは違法だ。でもなぜか、ほぼすべての分野で、女性の稼ぎは男性よりも少ない。両者の仕事はまったく同じ。**それなのに**、2015年の調査でも、女性の収入は男性より20パーセントも低い。つまり、男性が1ドル得る仕事で、女性は80セントしか得られない。有色人種の場合は、さらに落差が激しい。

◆ 白人男性が1ドル得る仕事で、黒人女性が得るのは63セント
◆ 白人男性が1ドル得る仕事で、ヒスパニックやラテンアメリカ系の女性が得るのはたったの54セント
◆ 人種や民族に関係なく、有色人種の女性は有色人種の男性より賃金が少ない（でも有色人種の男性は、白人男性より賃金が少ない）

障がい、性的指向、性自認、年齢など、女性の賃金に影響を及ぼしかねない要素は他にもある。2015年の場合、障がいのある人が得た収入は、障がいのない人の68パーセント。そして障がいのある女性の収入は、障

がいのある男性の69パーセントだった。トランスジェンダーの女性（身体の性と心の性が一致しない男性）は男性の同僚より収入が少なく、カミングアウトすると減給されるという事態も現実に起きている。レズビアンやバイセクシュアルの女性も、男性の同僚よりも収入が少なく、ゲイやバイセクシュアルの男性よりも少ない（アメリカの多くの地域では、雇用主がトランスジェンダーやその他の多様な性自認の人を、性的指向を理由に公然と差別することが許されている）。

どうして、賃金格差は大問題なのだろう？　それは、私たちが「金＝力」の資本主義社会で暮らしているから。女性はあまりお金を稼げないので、あらゆる年齢層で、貧困に陥る傾向が男性よりも高い。退職者や高齢者が公的支援、社会保障で得るお金は現役時代の賃金に基づくので、引退してからも収入が少ない状態は続く。

おまけに、無償労働の問題もある。調査によれば、異性カップルの場合、女性はパートナーである男性の2倍の時間を家庭内の雑用に割くが──たいていは、外で働く仕事以外に──それに対する報酬はない。資本主義社会では、ある行為の「価値」は「実行したことに対して得る実際の金額」だとみなされるため、社会は基本的に、家事、料理、掃除、子育てなど女性が行うすべてのことは──**間違いなく労働なのに**──価値がないと判断する。女性が家庭のなかと外でどれだけの仕事をしているかを考えると、いまだに男性より報酬が少ないなんてもっての外だと思う。

賃金が不公正だと、何かを買う現金が少なくなる。でも、それだけじゃない。賃金の不公正は構造的な不公正でもあり、私たちに一生影響を与える。

＊1-1　日本でも男女雇用機会均等法によって禁止されている

第1章　女子の抵抗力をパワーアップ

さあ、反撃！

性逆差別
お菓子バザー

性別による賃金格差について認識を高めるために、お菓子バザーを開こう！　普通のお菓子バザーとにたようなものだけど、男性と女性で支払う金額が違う。たとえば、カップケーキ1個の値段は、男性なら1ドル、女性なら75セントにする。不公平？　その通り──それが狙いだから。このバザーを機会に、黒人女性やラテンアメリカ系女性が得る賃金はもっと差が大きいと、みんなに知らせよう。

女子の
キャリアデイ

たとえば、学校にプロフェッショナルの女性を招き、その人の職業について、また、性別による不公正な扱いでキャリアが左右された経験などについて話してもらい、将来同じような分野で働きたいと考える女子にアドバイスをしてもらう。あらゆる職種、とりわけ医者、エンジニア、科学者、弁護士、CEOなど、これまで男性が多数を占めてきた職業の女性を招こう。

イコール・ペイ・
デイの促進

イコール・ペイ・デイは、女性の賃金が男性の1年間の賃金にようやく追いつく日。たとえば、1月1日に男女が同時に働き始めたとして、男性が12月31日までに受け取るのと同額の賃金を女性が受け取るには、年を越してさらに何日か働かないといけない。つまり、女性が1月

＊1-2　2018年の場合、日本は4月6日（日本BPW連合会HPより）

から翌年の4月まで働いて、ようやく男性の1年分と同額を受け取ると
したら、イコール・ペイ・デイは4月になる。イコール・ペイ・デイの
キャンペーンは、世界中で展開されている。日付は、各国の前年のデー
タによってまちまち。Googleで「イコール・ペイ・デイ」と検索すれば、
自分の国では何月何日かがわかる[1-2]。抗議行動を起こしてもいいし、
テーブルを準備してチラシを並べてもいい。賃金格差の認識を高めるた
めに、何でもやってみよう。

黒人女性は私たちのコミュニティーに欠かせない存在で、私たち
は並外れてすばらしいし、同じ賃金をもらうだけの価値があるわ。

ラバーン・コックス：エミー賞候補になった女優でトランスジェンダーの先駆者。黒人
女性のイコール・ペイ・デイでの発言（2017年7月31日）

政界に女性が足りない

　みんなよく知っていると思うけれど、合衆国大統領になった女性はま
だ1人もいない。でも、人類史上、クレオパトラからエリザベス2世まで、
偉大な女性リーダーは何人もいる。世界経済フォーラムによると、この
本を出版する時点では、女性で現職の国のリーダーは15人、過去5年間
では59ヵ国で女性リーダーが存在した。

　それでもやはり、世界の多くの国で、女性が政治のリーダーになった
り、国や自治体の議員に選ばれたりする率はとても低い。アメリカでは、
女性の人口は国全体の50パーセントを少し超えるのに、現実には、

◆ アメリカ連邦議会の議席の20パーセント以下
◆ 州議会の議席の25パーセント以下

第1章　女子の抵抗力をパワーアップ

◆ 市長や町長の20パーセント以下(＊1-3)

しか女性はいない。

2017年の時点で、連邦議会には38人の有色人種女性議員（黒人18人、ラテンアメリカ系10人、アジア系とポリネシア系9人、多民族系1人）がいて、アメリカ史上では61人の有色人種女性議員がいた。また、上院議員のタミー・バルドウィンは、レズビアンであることを公表していて、バイセクシュアルだと公表しているカイルステン・シネマは、バイセクシュアルの女性で初めて下院議員に当選した。

もちろん、ここまで来るのも長い道のりだった——1971年には、女性のアメリカ連邦議会議員の割合はたったの3パーセントだったのだから（ホントにひどい話！）。だけど、これからの道のりもまだまだ長い。国会（アメリカでは連邦議会）議員数の男女均等に関するランクで、現在のアメリカは世界101位だ(＊1-4)。つまり、選挙で選ばれた女性議員の割合が私たちの国よりも高い国が100ヵ国ある。女性国会議員の率が最も高いのはルワンダ。キューバ、ニカラグアは男女均等（男性議員と女性議員の数が同じ）に届きつつある。アメリカは立法府の女性の数で、ほとんどの国に遅れを取っているといえる。

18ページで、男性優位主義の社会とはどういうものかを考えたよね？現実にどうなっているかというと——男性は国全体、政府の制度、立法、政策について、女性より大きな力を持っている。つまり、女性や女子の人生についても、より大きな力を持っていることになる。

一方、いいニュースもあって、近年は女性の立候補者数が記録的に増えた。2016年のアメリカ大統領選挙以降、女性立候補者向けの養成機関に、受講希望者が殺到している。新しい指導プログラムが、次々に登場しているからだ。最近の選挙の傾向を見ると、女性が将来の市長、州知

事、議員、そして、そう、大統領になって、アメリカを引っ張っていくことが現実味を帯びてきている。

　実際、2017年の選挙では、女性はいい意味で票を揺さぶり、**いたるところ**で当選者数の記録を打ち立てた。バージニア州だけをとっても、初のアジア系女性、初のラテンアメリカ系女性2名、初のレズビアンを公表した女性、初のトランスジェンダーを公表した女性が、州議会議員の仲間入りを果たした。また、ミネアポリス市議会の議席を勝ち取ったアンドレア・ジェンキンスは、トランスジェンダーを公表した有色人種で初めて公職に就く人物となった。さらにコロラド州オーロラ市では、大学を卒業したばかりの20歳そこそこの女性が79歳の現職男性を破り、市議会議員となった。シアトル市ではレズビアンを公表している人が初めて市長に選ばれ、ノースカロライナ州シャーロット市では初めて黒人女性が市長となり、ニュージャージー州では初の黒人女性副知事が誕生した。こんなことは今までなかった。すごい！

　私たちにはまだ難題が山ほど控えている。私たちは模範になる人を見つけて、リーダーシップを取りつつ互いに支え合い、女子が直面する困難や女子の声を選挙で取りあげてもらわないといけない。

＊1-3　日本の場合、衆議院議員の10.1パーセント、参議院議員の20.7パーセント（2017年）、都道府県議会議員の9.9パーセント、市町村議会議員の12.8パーセント（2016年）が女性（内閣府男女共同参画局「女性の政治参画マップ2018」）
＊1-4　日本は157位（2017年、同前資料より）

第 1 章　女子の抵抗力をパワーアップ

さあ、反撃！

女性候補者のために声をあげる、踏み出す

たとえ投票できる年齢に達していなくても、ボランティアで選挙運動を手伝うことはできる（＊1-5）——投票できなくても自分から支援をかって出れば、大いに選挙の役に立つ。選挙運動の責任者に連絡してみよう。すぐにボランティアとして使ってくれるはず！　友だちも一緒なら、なおのこと楽しい。支援活動で学んだスキルは、数年後にあなたが出馬するまで覚えておこう。

ホームパーティーを開く

特定の女性候補者を熱烈に支持している？それなら、資金集めや知名度アップためのパーティーを開かないと。友だち、親戚など、思いつく限りの人を招待しよう。若い人も来られるように参加費を抑えて、お菓子や飲み物を出そう。選挙事務所にお願いして、飾ったり配ったりするグッズを分けてもらおう。候補者本人にも、パーティーをやると忘れずに伝えて——顔を出してくれるかもしれないから！

投票を促す

あなたに選挙権があってもなくても、他の人が市民の義務をきちんと果たす手伝いはできる！　ソーシャルメディアで、投票に関する情報をシェアしよう。忘

＊1-5　日本の場合、18歳未満の者は特定の候補の当選を目的とする活動はできないが、個人的な意見を表明したり、候補者の話を聞いたりすることは構わない

れずに投票してもらうために、電話をかけるボランティア活動をしよう。車と運転免許を持っているなら、投票日に投票所まで送迎するボランティアをしてもいい（安全のため、信頼できる大人と一緒にね）。

女子の性的魅力とレイプ文化

バービー人形、ブラッツ人形、モンスター・ハイ人形。この本の最初の方にも書いたけれど、女子はどう振る舞うべきか、どういう姿でいるべきかという教えは、女の子向けのおもちゃや商品を通してもたらされる。そういう商品は、女子の**性的魅力を極端に強調**する傾向がある。性的魅力の極端な強調は、セックスやセクシーな振る舞いの強要とはまた違う。性的魅力の強調には文化的な背景があり、女子の魅力はセクシーかどうかで決まる、女子の価値は魅力的に見えるかどうかだという考えが基本にある。そういう考え方が極端になれば、女子の性的魅力の極端な強調につながる。

また、女子の性的魅力が極端に強調されると、女子が自分から性的魅力を強調するようにもなる。見た目がセクシーな人が魅力的だという基準で、自分の価値が決まると思い込んでしまう。だから容姿を気にするようになり、結果として落ち込んだり、自尊心を低下させたり、自信をなくしたりする。

性的魅力の極端な強調は、黒人女子に特に大きな影響を与える。最近の研究では、黒人女子は白人女子よりも「大人びて」いて、「世渡りがうまい」と見られる。そういうステレオタイプの考えがもとになって、黒人女子はセックスや大人の話題により詳しく、支援や育成をさほど必要とせず、独立心が強いと思われがちになる。**その結果**、多くの黒人女子は学校でいっそう過酷なペナルティに耐え、同時に自尊心を低下させていく。

第 1 章　女子の抵抗力をパワーアップ

　黒人に限らず、少女時代に経験する性的魅力の強調は、男性優位社会の恐ろしく複雑で胸の悪くなるような側面、**レイプ文化**と結びつく。レイプ文化は、女性に対する性暴力を正常だと考える社会的文化的概念であり、観念であり、習慣であり、制度だ。

　幼い女の子が、女子には性的魅力が何より大事と教えられる一方で、男子は、女子は**男子の快楽**のための性的対象で、女子の身体はジロジロ見て、あれこれ話して、評価して、触るものだと教えられる——女子の気持ちや感覚なんてお構いなしに。「あいつは君が好きだから意地悪しているだけさ」なんていう無邪気で悪意のない言葉も、男性が女性を攻撃してもかまわないという考えを植えつけかねない（むしろ、カッコイイなんて思うことも——ウッッ）。

　最初は運動場で悪ふざけをしたり、言葉でからかったりするだけだとしても、それがレイプ文化につながるとしたら深刻な問題だ。「レイプ、虐待、近親相姦全国ネットワーク (RAINN) 」によれば、18歳以下の9人に1人が成人による性的暴行を経験していて、18歳以下の性的暴行被害者の82パーセントは女子だ。

　レイプ文化では、セクシャル・ハラスメント、虐待、暴行は女子の側に非があるという考えも認められる。「いい子」の女子はセックスなんてしない。つまり、レイプされるのは、その女子が「いい子」じゃないから。自分の身を守らなかったから、自分の意思を伝えなかったから、適切な服装をしていなかったから（オーバーオールだろうと、タートルネックだろうと、何を着ていても暴行されているという事実は無視）だと思われる。レイプに遭わないようにとプレッシャーがかかるのはいつだって女子で、レイプ犯には、レイプをするなというプレッシャーはかからない——こんなにおかしなことはない（「プレイステーションがほしいな

ら、盗んできてと誰かに頼めばよかったのに」って言うようなものじゃ
ない、まったく）。女子は、処女であれ、貞淑であれと言われる一方で、
性的魅力を極端にに強調する文化にさらされ続ける。そういう矛盾した
メッセージに混乱する──あるいは激怒する──のは当然だ（どっちも
あたり前のリアクションだもの）。

しっかり主張して思ったことを口に出そう！　社会に「いい子」
だと思われようと、無理しなくてもいい。

アンナ・ガリソン＝ベデル：10代の交差的なフェミニスト。
人種差別、性差別、賃金格差、同性愛嫌悪と闘っている

　レイプ文化や、性的魅力を極端に強調する社会と闘うには、自分の身
体と性に関するコントロールを自分の手に取り戻さないといけない。周
りで何が起きているかをきちんと認識すれば、どんな服装をするか、誰
とデートして性的関係を持つか、自分の身体をどうとらえるか、につい
て自分で決められる。デニムのバギーパンツだろうと、ミニスカート
だろうと、ロングヘアーだろうと、坊主頭だろうと、すっぴんだろうと、
真っ赤な口紅をつけていようと、セックスをしようとしまいと、自分の
性をどう扱うかは自分次第。あなたは誰かの性の対象物ではない。

助けを求めよう

虐待や暴行を受けたとしても、あなたは1人じゃない。私も18
歳の学生だったとき、性的暴行を受けた。とても多くの女子や
女性が同じような目に遭っている。誰かに打ち明けたいとき、

第 1 章　女子の抵抗力をパワーアップ

地元で援助してくれるところを探したいときは、すぐに電話か
オンラインのチャットで、RAINN (rainn.org) に連絡してみて（＊
1-6)。レイプ文化の何よりも残酷で悲惨な側面は、来る日も来る
日も女子が不当な性暴力に遭う社会を促進し、持続させている
点にある。あなたに必要な支援をしてくれるところに、助けを
求めよう。

さあ、反撃！

Yes Means Yes（＊1-7)

アメリカでは、10代の間はセックスをし
てはいけないと、口を酸っぱくして何度も
教える。でも、したいと思ったときにどう

やって「イエス！」と伝えればいいか、どうやってパートナーから合意
を得ればいいかについては、ほとんど何も教えない。性教育のプロを学
校や若者たちの集まりに招き、合意について話してもらおう。あるいは、
プロム (高校の学年末に開かれるフォーマルなダンスパーティー) やホームカミングダン
ス (同窓会パーティー) の前に、「合意を尊重します」という誓約書を作って、
生徒のみんなにサインしてもらおう。

＊1-6　日本の連絡先、性暴力救援センター・東京（SARC東京）、性暴力救援センター　大阪
SACHICO
＊1-7　イエス以外はイエスじゃない──カリフォルニア州で法制化されている、レイプ防止のため
の考え方。性行為に及ぶ際、「合意」とはノーと言わないことではなく、イエスという明確な意思表示
のことだする

きちんとした性教育を受ける

あなたの学校には、総合的な性教育の授業がある？　総合的な性教育では小学生にも、自分の身体について自分で決めることや、みだりに大人に身体を触られない権利などについて教える。さらに、10代の生徒に避妊や性感染症予防の方法を教えるのも、10代の同性愛者やトランスジェンダーの人に情報を与えるのも、生徒に合意や性的コミュニケーションについて教えるのも、誰かが危険な目に遭っているのを目撃したときに行動を起こせるように第三者介入の方法を伝授するのも、総合的な性教育に含まれる。そういう授業がなければ、してもらうように要望しよう。カリキュラム作成の一案として、スカーレッティーン（www.scarleteen.com）のような情報源を使うのもいい。公式ルートでそういう授業を受けられない場合は、仲間内で勉強会をスタートさせよう（それなら、友だち同士のおしゃべりみたいに気楽にできるかも）。

レイプ被害者のケアキットを作る

自分の地域のレイプ・クライシス・センターを探し、レイプ被害者のための洗面用具、化粧品、衣類などの「ケアキット」の寄贈を受け入れているかを確認しよう。被害者が性被害証拠採取検査セット（「レイプキット」）による証拠保全を求めて病院の救急外来に行く場合、清潔な着替えや心を落ち着かせるための基本的なものが必要となるケースが多い。そういうアイテムをあなたの学校、教会、コミュニティーセンターで集めて寄付しよう。

立ち上がろう！　勇気を出そう！　反撃しよう！

あなたの権利が侵されたら、**あなた**には何ができる？　立ち上がろう！　勇気を出そう！　反撃しよう！　そう、**抵抗するのよ**。

どこから始める？　いっぺんに何もかも考えるとわけがわからなくなるし、頭が爆発するかも。幸い私たちは賢くて、強くて、柔軟性がある。間違いなく。

私たちは、楽天家でもある。いつかはよくなると信じている。生きていればいつか！　どうすればよくなる？　私たちがよくする。

自分自身の権利、そして他の人の権利のために、私たちは立ち上がる。私たちを苦しめる法律や規則を作りたがる有力者を前にしても、引き下がりはしない。耳を貸すように要求し、黙れと言われても拒否する。世界の人口の半数は私たち女性だから、平等に扱われるのがあたり前。そういうこと。絶対に。

ひと晩で何もかも変わるとは思わない。世界中のあらゆる不公正を、個人の力でなくすのは無理。反撃のために何かを始めよう、善を世の中に復活させよう、未来をよくする運動に1人1人が力を尽くしてみよう。スタートは力をつけるところから。女子のコミュニティー全体で抵抗力をつけていこう。女子が女子の未来をコントロールする力をつければ、周りの世界をよくしようと運動すれば、私たちみんなの勝利につながる。

女子が抵抗力をつけるには——声を出す女子を増やし、正しいことを支持し、大きな声をあげ、すべての人のために正義を求め、互いに支え合い、先頭に立ち、女子が社会から締め出されないようにしよう。

さあ、抵抗の準備はいい？

覚えておいてほしいこと

1 活動とは、行動を起こして、より多くの人のためになるように社会のなかの力を変えていくこと

まとまった「大勢の力」や、草の根運動を、何かの形で体験したことはある？ 階層的な社会や不公正な法律、学校や地域で受けるさまざまな抑圧に抵抗するため、あなたの声を他の人たちの声と合わせてどう使えばいい？ そういうアイディアをどれか実行して、前向きな変化をもたらそう。

2 女子や女性は、女だからというだけで数々の抑圧を受ける

賃金格差や職場での不公正を経験してきた成人女性で、あなたが知っているのはどんな人？ その人たちは差別に対して何をした？ あなたは、自分でも知らないうちに性別二元制に従って考えていない？ どうすれば、性別に関するステレオタイプの考えや無意識の偏見に惑わされない見方ができる？

3 強くなくても女子が抵抗する運動に参加できる

草の根の運動や活動では、ごく普通の人たちが一緒に立ち上がって力を生み出し、その力で変化をもたらす。よりよい世界を目指すビジョンを持って、さあ始めよう！

第 2 章

初めての運動プランを立てる

あなたは、自分が住む町、地域、国、
世界のあらゆる問題や状況に
うんざりしているんじゃないかな。
不公正やひどいことだらけで、
変えるべきだと思っていないかな。
でも、手助けがないと解決できないほど、
矛盾だらけの不正があまりに多くて、
どこから手をつければいいかわからない。
この章では、どうやって運動の理念を決め、
ゴールを定め、
助けてくれる人を見極めるかを学ぼう。
用意はいい？

さあ、やってみよう！

◆

私たちはみんな、

世界が今のままではいけない

という信念に突き動かされます——

世界をあるべき姿にするために

闘う義務があるという信念に、

突き動かされるのです。

ミッシェル・オバマ

アメリカ初のアフリカ系アメリカ人ファーストレディー

◆

活動

家としてキャリアを開始するには、ひとつかふたつの分野に絞って全力を尽くすのがいいでしょう。世の中のすべての問題に関心を持つのがいけないわけではありません。むしろ、総合的に関心を持つべきです！　世の中の公正や公平に関心を持てば、いい人に、いい活動家（アクティビスト）になれます。

とはいえ、まずは**今すぐ**取り組めるひとつの理念を中心に、どう運動を展開すればいいかを詳しく検討しましょう。なぜ？　一度にあらゆる問題に取り組むのは無理だから。そんなことをしたら心がすり減って、やがて「アクティビスト・バーンアウト」になってしまいます——頑張りすぎが高じて、心身ともにへとへとになってしまうのです（そういうタイプの疲労との戦いについては、第8章で）。

活動の出発点をひとつ選べば、持続的な変化を起こす最大の力と最大のエネルギーが得られます。しばらくして、また別のプロジェクトや運動を始めたくなったら、そのときに正面からその問題に取り組めばいいのです。

活動家（アクティビスト）として取り組む問題を選ぶ：
マインドマップ

運動プランで一番むずかしいのは、どこからスタートするかを決めること。「あなたは何だってできる！」の裏返しは、「**何もかもできる**」になりかねない。でも、そうなったら消耗するし、できるはずもない。絞り込まないとね！

マインドマップを書いてみよう。このクールな視覚ツールを使えば、頭のなかのごちゃまぜになった考えを取り出して整理できる。マインド

第2章　初めての運動プランを立てる

マップは直線で囲んだりしない。表やグラフみたいにかた苦しい形ではなく、意思決定でも、プロジェクトの計画でも、授業のノートでも、あらゆる目的に利用できる。ここでは、取り組むべき問題を選ぶのに使ってみよう。隣のページの白紙のマインドマップを使ってもいいし、自分の好みで書いてもいい。

マインドマップの中心にある丸い枠に、あなたの活動を表す絵を描く。メガホン、ペンキ用の刷毛、決起集会のプラカードなんかを描いてもいいし、いかつい服を着た自分を描いてもいい。絵なんてばかばかしいと思うかもしれないけれど、描けば脳のクリエイティブな部分が解き放たれて、アイディアが自由に流れ始める。

次に、小さめの丸枠のなかに、関心がある理念や問題を書いたり描いたりする。必要なら、枠を増やす。考えすぎずに、頭に浮かんだことをそのまま書く。カラフルなマーカーやペンを使っても、黒インクの走り書きでも──好きなように書く。

今度は、それぞれの丸枠の周りに、なぜその問題に関心があるのか、必要なものをいくらでも自由に使えたら何をどう変えたいか、書いてみる。思いつくことを全部書いて。ひとつひとつの理由、アイディアを、小さな丸枠の問題と線で結ぶ。すべての丸枠に同じことをする。

でき上がったマップを見てみよう。周りの書き込みが一番多いのはどれ？　二番手は？　一番情熱を感じるのは？　そういうものを、運動の中心に据える問題として選ぼう。じっくりと考えるべき問題であり、変化を起こすために思い切り頑張るべき問題だから。そして、これが自分のナンバーワンの問題だと、ビジュアル的にはっきりさせよう──周りに星やハートをいっぱい描くのはどうかな。蛍光ペンや黒の太いマーカーで周りを囲ってもいいし、小さな飾りを貼りつけてもいい。これからあなたは、そいつに容赦なく取り組んでいく。

マインドマップ

このテンプレートか、自分の好みのものを使って、自分専用の活動マインドマップを作成しよう。

> 1　まずは、自分の活動を表す絵
> 2　関心がある問題を書き加える
> 3　なぜ関心があるかを書いて線で結ぶ

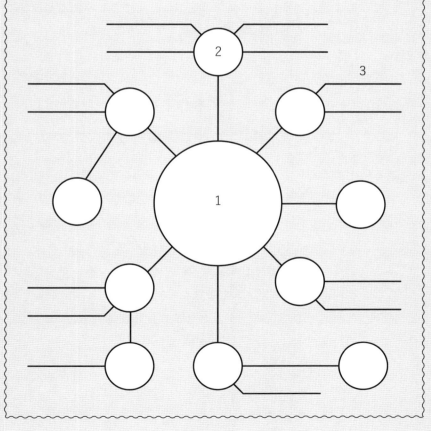

マップに書いたその他の問題——今回の運動では取り組まない問題
——については、それぞれを支援できるちょっとした具体策を考えてみ
て。そうすれば、メインの問題だけに集中して他を見捨てたと気にしな
くてすむ。優先しない各問題に線を書き足して、「寄付をする」、「署名す
る」、「オンラインでシェアする」など、シンプルな活動をひとつずつ書く。
星とか、スマイルマークとか、何でもいいから、「よし。クールよ。私は
やれる」っていう気持ちを象徴するものを描く。忘れないで——活動で
は、ついていくことが先頭に立つことと同じくらい大切。

　これでおしまい。マインドマップは完成。よくできました。どこかに
置いたり飾ったりして毎日眺め、変化を起こす刺激にしよう。

マインドマップはどうしても作らないといけない？

そんなことはない。何に取り組みたいかがわかっていたら——
あるいは、ニュース、ツイート、ネットの投稿などで、めちゃく
ちゃ腹が立つことを目にしたら——その問題にしっかりと取り
組めばいい。それがごく最近の問題で、一刻を争う状況（たと
えば、あなたの州で、トランスジェンダーの人たちを差別する
ような法案が提出されているとか）にある場合は、特にがんば
らないと。早速運動プランを立てなくちゃ、さあ！

運動プランを練る

どの問題にするかが決まったら、次は変化を起こすためのプランが必要。たいていの人はここで、全体像をとらえずに、手っ取り早く「何かをしよう」と考える——つまり、**なぜ**するのかがはっきりしないうちに、**何を**するかを決めようとする。自然な流れで生まれた活動が、驚くような運動に盛り上がったり、社会に変化をもたらすうねりにつながったりするケースは多い。「ストーンウォールの反乱」(＊2-1) も、「ブラック・ライヴズ・マター（黒人の命は大切だ）」運動(＊2-2) も、「ウォール街を占拠せよ」(＊2-3) も、ワシントンの「ウィメンズ・マーチ」(＊2-4) もそう。

あなたが運動を継続したいのなら——そして、そうするしかないのなら——戦略が必要。こういうことは、ひと晩じゃ変わらないから。まずは、「**私はめちゃくちゃ怒ってる、これを絶対に変えなくちゃ**」という意識が必要。

次は、どうなるのが変化か、勝利か、前進なのかを明確にする。こういう考え方、つまり長い目で全体像を見すえるプロセスや、核心部分の詳細をじっくりと考えることは、おそらく、どんな活動家にとっても簡単

＊2-1　1969年、ニューヨークのゲイバーに警察が踏み込み捜査を行った際、同性愛者らが初めて警官に立ち向かって暴動となった事件。また、これに端を発する、権力による同性愛者の迫害に立ち向かう抵抗運動

＊2-2　2013年、フロリダ州で黒人少年が白人警官に射殺された事件に端を発する、黒人に対する暴力や人種差別の撤廃を訴える運動

＊2-3　2011年9月以降、ニューヨーク市のウォール街で発生した、アメリカ経済界、政界に対する一連の抗議運動、及びその合言葉

＊2-4　トランプ大統領就任をきっかけに始まった、女性の権利向上や性差別撤廃を訴えるデモ行為

ではない。でも方法はある——**運動プラン**を完成させよう（ジャ、ジャ、ジャーン！）。

　運動プランとは、まさに読んで字のごとし（しかも、どう見てもすごく楽しいわけじゃなさそう。遠慮なく、もっとクールな名前をつけて）。運動プランはあなたの地図になり、コンパスにもなる——成功を頭に描き、成功への道筋を練る手助けをしてくれる。運動プランで全体像を眺めれば、途中の意思決定や方向性の確認がしやすくなり、目標を見失わずに必要な修正を行い、次の局面へ進む後押しをしてくれる。運動プランは作業文書だと考えて。いつでも変更したり更新したりできるから（たとえば、選挙運動が思った通りに進まなかったときとか）。

ビジョンとゴールをはっきりさせる

　運動プランは、ビジョンから始まる。あなたのビジョンを定めるために、重要な質問をふたつ、自分にぶつけてみよう。

　　◆ なぜこの問題に取り組みたいのか？

　　◆ 何のために闘うのか？

　別の聞き方をすると、闘う目的をすべて果たしたら、どんな理想の世界になる？　多くの場合、ビジョンが実現すれば、あなたの努力や活動はもう必要なくなる——世界はそこまでよくなる。たとえば、あなたがLGBTQ+（＊2-5）の若年層ホームレスの問題の解決を理念に掲げるなら、すべての子どもが、アイデンティティーに関わらず、安全で安心な住まいで暮らすというビジョンが浮かぶ。とても明確で刺激的なビジョンだ。

でも、それはゴールじゃない。

ビジョンとゴールとを混同する活動家（アクティビスト）は多い。**ビジョン**は、とてつもなく大きく、あなたが活動する理由となる。何のために闘うのかを、思い出させてもくれる。望みをひとつ残らず成し遂げたら得られる、前向きな成果でもある。一方、**ゴール**は、目に見えて具体的にわかることだ。ゴールは、いくつかの段階や局面ごとに達成できるように、分けておく必要がある。ということで、その方法を説明しよう。

大きなゴール

はじめに、自分が成し遂げたい大きなことをひとつ書き出す——現実に起きるところを見たいと思う、測定可能で、達成可能で、具体的なことを書く。

たとえば、差別をなくす法案の可決、学童保育のための募金、あなたのペットのシャム猫を学校のマスコットにする——何でもいい！　それがあなたの運動の**目的**となる。100パーセント達成した場合の結果が、あなたの目指すゴールだ。

短期のゴール、中期のゴール

大きなゴールに至る過程には、達成すべき小さな目標がいくつかある。制服に関する性差別的な校則を変えようとするのもそのひとつ。小さなゴールの定め方を挙げてみる。

＊2-5　LGBTQ＋とは、Lesbian（レズビアン）、Gay（ゲイ）、Bisexual（バイセクシュアル）、Transgender（トランスジェンダー）、Queer（クィア）（LGBT に当てはまらないセクシュアルマイノリティ）または、Questioning（クエスチョニング）（自分の性のあり方をはっきりと決められない人、迷っている人、決めたくない人）および、その他の細分化されたジェンダーに当てはまる人のこと

-051-

第 2 章　初めての運動プランを立てる

- ◆ 問題だと思うことを、学校のみんなに伝える
- ◆ 問題だと思うことについて、メディア（またはソーシャルメ
  ディア）に注目してもらう
- ◆ 教育委員会や校長の支援を得る

　ここに挙げたのは、実行の**方法**ではない。ゴールとは達成すべき**こと**で、小さな道しるべを見つけておけば、効率のいい最高の戦略と戦術——抗議行動、署名集め、資金調達など（詳しくは次の章で）——を立てる助けとなる。でもまずは、**誰**に味方してもらえば変化を起こせるかを見極めよう。

ターゲット

　成し遂げたい**こと**——あなたのゴール——がはっきりしたら、**誰が**変化を起こす味方をしてくれるかを見極める。あなたの前に立ちはだかるのは誰か、あなたを助ける力を持つのは誰か、それぞれについて知る必要がある。あなたを助ける力を持つ人が**ターゲット**で、どんな運動にも、最低 1 人は必要だ。

　ターゲットは、組織のなかで肩書の力を持っている。つまり、「学校」そのものはターゲットにならない。学校は、レンガや石を積みあげた建物だから。でも、校長や教頭ならターゲットになる。ターゲットがいないと、活動の目標ができたとは言いがたい。叫べど叫べど、誰も聞いちゃいないと気づくのがオチだ。だから、わざわざ喉をいためるようなことはやめて、ターゲットのリストを作成しよう。

きっと、こう思うよね。「オーケー、ケイリン、でも、言うは易く行うは難しだよね。だって、誰が何を取り仕切ってるのか……どうやったらわかるっていうの？」

明快な答え：すべては、あなたのゴール次第。たとえば、さっき挙げた性差別的な校則を改めたい場合は簡単──ちょっとネット検索すれば（または、学校案内をちらっと見れば）、あなたの学校で誰が決定権を持っているのかがわかるはず。でも、ゴールがもう少し大きいと──ノースカロライナ州のいわゆる「トイレ法案」のように、トランスジェンダーの人を差別する法律をなくしたい場合など──たちまち、中学校の社会科で習ったことを全部思い出さないといけなくなる。学校とは関係ないところで権力を持つ人──企業のCEOや中小企業のオーナーなど──がターゲットの場合もある。とはいえ、ひどいから変えたいと思う問題に誰が力を発揮できるのか、さっぱりわからないことだってあるかも。うーん。

わからなくても、心配は要らない。肩書の力があって、あなたの成功への近道となってくれるわかりやすいターゲットを見極めるための、早わかり手引き書があるから。

政界の大物

あなたが住む町や市に関わることを決定しているのは誰か、考えたことはある？　制限速度や、両親が払う税金の額は、誰が決めるんだろう？　消費者を詐欺から守ったり、虐待された動物を保護したりする規則は、誰が定めるんだろう？

立法──法律制定──の仕事には、自治体や国の機関の、さまざまな人が関わる。立法府を構成する議員は、新たな法案を起草したり古い法

律を変更したりする場合に、できるだけ多くの人の意見や要望を聞き、検討すると保証している。

地方　あなたの日常生活を左右する力が最も大きいのは、多くの場合、地方議員だ。地方自治は有権者の生活に密着しているから。有権者は、地方議員の候補者が誰の味方か——自分や仲間の味方なのか、商店主、牧師、学校の先生の味方なのかによって投票する。

　ひと口に地方議会と言っても、市議会、町／郡の委員会、村の役員会など、いろいろとある。市、町、郡にはそれぞれ首長がいて、市長、町長、郡政執行官などと呼ばれる (＊2-6)。あなたの地域の行政システムを知るには、市や町の名前をネット検索して、公式ホームページを開いてみて（注意：ウェブデザインが超ダサいところもあるかも）。

州　あなたの州の議会は、議員や知事で構成され、その人たちは——お察しの通り——あなたが住む州で選出された。州議会で通った法案の影響を受けるのは、その州の住民や機関だけ。州議会は立法府であり、法制化したい法案を起草したり可決したりする (＊2-7)。議員の大多数が法案に賛成票を投じた場合、決定権は行政府、つまり州知事に移る。知事はその法案にサインして発効させることもできるし、拒否権を行使することもできる。さっき触れた、差別的なトイレ法案 (通称「ハウスビル2」) は、州全体の法律で、ノースカロライナ州の住民のみに効力を持つ。

国家　アメリカ政府は、立法府（連邦議会）、行政府（大統領）、司法府（最高裁判所）の3つの府から成る (＊2-8)、相互に抑制し合

いバランスを保つシステムを採用している。あなたが問題とすることについて、大統領や最高裁判所に耳を傾けてもらうのはかなりむずかしいけれど、連邦議会の議員は、地方議会の議員と同じように選挙で選ばれる。連邦議会議員は有権者——家族、先生、仲間、その他あなたが知っているさまざまな人が含まれ、その人たちの考えにあなたは影響を与えることができる——のために働く。州政府と同じで、ひとつの法律を制定するには、まず法案を作り、下院と上院で投票が行われてから大統領のデスクにたどり着く（＊2-9）。下院議員は人口に応じて選ばれ（人口が多い州ほど議員も多い）、上院議員はどの州からも2人ずつ選ばれる（＊2-10）。

世界 世界の国や地域にはそれぞれ異なる政治システムがあって、そのほとんどに何らかのリーダー——大統領、女王、首相、元首、その他の立派な肩書の人——が存在し、国民に選ばれて決まる場合とそうでない場合がある。もちろん、そういう人たちには簡単に近づけるものじゃない（でも、エリザベス女王やアンゲラ・メルケル首相にファンレターを書くのは自由）。

＊2-6　日本の場合、市、町、村の首長はそれぞれ市長、町長、村長。現在の郡は住所表記、広域連合体の範囲、都道府県議会選挙区の区割などに用いられるにとどまる

＊2-7　日本の場合、都道府県議会で制定した法は条例と呼ばれ、知事が公布する

＊2-8　日本の場合、立法府（国会）、行政府（内閣）、司法府（裁判所）

＊2-9　日本の場合、法案は衆議院と参議院で採決され、両院の意思が一致し可決されて成立した後、最終的に天皇によって公布される

＊2-10　日本の場合、衆議院議員総選挙では小選挙区比例代表並立制が採用され、議員定数465名のうち289名は小選挙区制選挙で選ばれ、176名は比例代表制選挙で11の選挙区から選ばれる。参議院議員普通選挙では選挙区制（定数146名）と比例代表制（定数96名）が採用され、3年ごとに半数ずつ改選される

第 2 章　初めての運動プランを立てる

民間の有力者

非営利団体　名前の通り、利益の追求を目的としない組織。非営利団体は公益のために存在する（当事者が公益だと信じることも含まれる──あらゆる非営利団体の使命に同意できるとは思えないけれど）。理事会が統括し、事務局長が運営の指揮を執り、多くの場合、財務記録はすべて（事務局長にいくら支払われているかも含めて）、一般に公開しなければならない。

企業　お金儲けを目的とする組織。ほぼすべての商店、会社、メディア事業者などが該当する（なかには違うものもある。LLC（日本では合同会社）など、多少異なる法的名称がつく）。企業を所有するのは人で、個人の場合もあれば団体の場合もある。団体とは、取締役会か株主、あるいはその両者を指す。企業の指揮は、社長や取締役が執るのが一般的だ。その人たちの賃金や報酬を開示する義務はない（＊2-11）。

地方の事業主　地方の小規模企業なら、少人数で、もしくは所有者か創業者が1人で、運営しているケースも多い。その企業に投資する人はいても、株主はいないかもしれない。

メディア事業者　雑誌社、ブログ運営会社、新聞社、ラジオ局、テレビ局など、メディア事業者はほとんどが会社組織だが、なかには発行者あるいは編集長が運営し、編集委員会の助言を受けるところもある。

-056-

どうやってターゲットにたどり着くか？

今挙げたターゲットのなかには、問題に対する直接の決定権が
なくても、決定権がある人に影響を与えられる人がいる。そう
いう人は、**第2のターゲット**となる。たとえば、**第1のターゲッ
ト**が市長ならば、第2のターゲットは、地方政治について議論
する市議会議員でもいいし、地域のニュースを報道する地元の
ジャーナリストでもいいし、最小必要数の有権者（ほら、政治
家はみんな、投票してもらわなきゃ議員でなくなるでしょ）で
もいい。その人たちの支援を得たら、有力者があなたの話を最
後まで聞く気になるかもしれない。

全体像から見るターゲット

レイプ文化をなくすとか、ものすごくスケールの大きな運動の場合は
どうする？　レイプ文化をなくす力を持つのは誰？　そう、**地球上のほ
ぼ全員**、だよね？　でも、あたり前だけれど、それではターゲットがはっ
きりしない（要するに、やりにくい）。だから、もっと掘り下げてみよう。
レイプ文化をなくす最大の力を持つ**特別な人物**は誰か？　レイプ文化
の継続に大きく加担しているのは、シスジェンダー（＊2-12）の男性と男子

＊2-11　日本の場合、1億円以上の役員報酬は開示義務がある（「企業内容等の開示に関する内閣府令」）
＊2-12　性自認（心の性）と身体的性（生まれたときの身体と戸籍の性）が一致している人

——つまり、彼らはこの文化を止めさせる力も持っている。

だけど、さらに絞り込むべきじゃないかな。学校の男子、家族の男性、あるいは男友だちはどうだろう？　身近な人でなくても構わない——ちょっとリサーチしてみて。たとえば、地元の会社に勤める女性がおそまつなセクハラ対策に抗議していると記事になっていたら、その問題について力を持つのは、たぶんその会社のCEOだ。ジャジャーン！　ターゲットが見えた！

性差別的な校則を変える運動に話を戻すと、意思決定の権力を持つのは、おそらく校長と生徒会。だから、ターゲットは校長と生徒会のメンバー。よし！　これで決まり。

大きな組織の象徴的な人物をターゲットに選ぶべき場合もある。そうすれば、運動の方向性がはっきりするから。

味方を集結させる！

たった1人じゃ戦えない！　いや、できなくはない……でも、すごく大変だし、まあまあ孤独だ。やる気満々であなたに立ち向かって来る人たちもいるから。数がいれば力になるので、できる限り多くの人を味方につけよう。そして、ビジョン、明確なゴール、具体的なターゲットが定まったら——戦場に突入する**前に**——状況を把握しておくのが得策。

支援者を見つける

同じ考えの人が周りにいるのは必要なことでもあり、励みにもなる——その人たちは後ろ盾になってくれて、あなたの論理をチェックして

くれて、サポートしてくれて、しっかり考えるように促してくれる。あなたが自分の理念のために闘うときは、そういう人やグループの多くがあなたの支援者、同じ理念を持つパートナーとなってくれる。大切な協力者になってもらう人を決めるには、次の簡単な質問を自分にしてみるといい。

◆ 私の考えに同意しているのは誰？
◆ 私と同じような活動をすでに始めているのは誰？
◆ 私の運動に役立ちそうなのは、どんな支援者や組織？

　確実な支援者をすべてリストにして、説明すれば仲間入りしてくれそうな人も含める（まずは「あなたが問題視すること＋あなたの所在地」でネット検索して、あなたの理念や同じような問題についてすでに活動している機関や影響力を持つ人を探す）。近くの町にある学校で、性差別的な校則を取材した記者はいる？　いたら、その人の名前もリストに入れよう。学内の性差別に関して動画を投稿したユーチューバーはいる？その人も追加ね。地元から国、そして地球全体に範囲を広げて考えてみて。考えを出すだけなら、可能性は無限！

チームワーク！

これまでに挙げたことはすべて、ほんのわずかな友人がいれば充分できる。でも、さらに大勢がグループになれば、仕事は必ずもっと簡単になる。だから、今こそ**運動のチーム**を作ろう。戦術を決めたり、プランを実行したりするときに、確実にあな

たのそばにいてくれる核となるグループ、部隊を作ろう。メンバーは友だちでもいいし、家族でもいいし、好きな先生や指導者の協力を仰いでもいい。ネットワークを広げるために、ソーシャルメディアで呼びかけるのもひとつかも。忘れないで、意義のある画期的な運動の多くは、共通のゴールやユニークな考えを持ったほんの数人がキッチンのテーブルに集まり、世の中を変えたいと話したのがきっかけだった。その21世紀バージョンは、大勢でするグループメッセージのチャットだ。

敵を知る

「敵」は言いすぎかな。でも実際のところ——あなたが熱心にやっていることを、他の誰かが熱心にやめさせようとしたら？　あなたとその人は、決して友だちではない。「友は近くに置け、敵はもっと近くに置け」（『孫子』）という助言は、運動においても的を射ている。対戦する相手の実像をつかむには、あなたと敵対するのが誰かを知ることが大切。だから、自分に問いかけてみよう。

◆ 私の考えにあからさまに敵意を示しそうな人は誰だろう？
◆ 私と相反する活動をしているのは誰？

　次に、そういう敵対する人やグループの発言、行動をオンラインで調べる。誰がリーダーで、何を成し遂げたいのかを調査し、どんな戦術を使っているかを見極める。そうやって、明らかな敵、または敵になりそうな人をリストアップする。

敵を知るのは、絶対に許せない敵をリストにするためでも、敵対者を
やっつける方法を考えるためでもない（運動プランに、そういうことが
含まれているなら別だけれど）。敵の情報をすべて考慮に入れてから、一
番効果的な戦略や戦術を決めるためだ。

　敵対者リストとターゲットリストは同じではない。このふたつが重な
り合うことはめったにない。権力を持つ人物が、今はあなたの理念を支
持していなくても、その人を説き伏せるのは不可能ではない──むし
ろそれは、運動全体のゴールみたいなものだ。一方、敵はあなたと同等
の力を持つ人や組織──つまり、敵もあなたと同じターゲットに影響
を与えようとしている──だけど、正反対の立場を取っている。ゼロサ
ムゲームならば、一方が勝てばもう一方は負ける（理想のビジョンでは、
敵が観念してあなたの側につくのだろうが、とりあえずは、ターゲット
がどちらの味方でもない状況を想定して考えよう）。

　仮に、LGBTQ+の人たちを差別する法律の撤廃を支援したくて決起
集会を開くとする。あなたの学校には、喜んで共同スポンサーになった
り、集会があると伝えたり、参加者を集めたり、一緒に計画したりして、
支援者になってくれる個人やグループ──言わば「平等主義クラブ」に
入ってくれる人はいる？　どんな人やグループが反対集会を開いたり、
あなたに不利な戦術を使おうとしている？　その人たちは、どうやって
多くの人の共感を得ようとする？　相手の戦術を利用して逆手に取るに
しても、あなたの戦略で対抗するにしても、あなたの集会がいっそう注
目を集めて共感を得るためには何ができる？

第2章　初めての運動プランを立てる

権力があるのはどんな人？

　ターゲット、支援者、敵対者が定まったら、**パワーマップ**を作る。自分が何に直面しているのかをはっきりさせて、視覚的に理解するためだ。望みを叶えてくれる権力を持つ人（ターゲット）、味方してくれる人（支援者）、ターゲットとの橋渡しをしてくれる人（第2のターゲット）、対立する人（敵対者）が、運動にとって最良の戦術を決める手引きとなる──パワーマップを作れば、最良の戦術がよくわかる。

　リストに挙げたすべての人や組織を、構造的な権力の強さ、あなたの理念に味方するか反対するかによって、次ページの表に書き込んでみよう。正確な根拠は抜きにして、あなたがぴったりだと思う場所に名前を書けばいい。

　すべて書き込んだら、パワーマップの一番上にある名前が誰よりも強い権力を持つ人で、あなたのターゲット（あるいは第2のターゲット）になる。マップの右側にいるのは支援者で、右上のコーナーに一番近い人が、最強の草の根のリーダーの支援者（草の根のリーダーの支持があれば、影響力や社会的な力がある有力者を動員したも同じ──わかる？）。右下の人たちは、潜在的な草の根の支援者で、ひとたび運動に加われば、あなたの理念について大いに主張してくれる。左側の人は敵対者で、左上にいるのが最強の敵だ。

　ややこしい？　では、運動に関係のない問題でパワーマップを考えてみよう。たとえば、あなたは近くの街で開かれるコンサートに行きたいとする。だけど、あなたの両親は、行かせていいものかと迷っている。この場合、あなたのターゲットは両親だ──あなたの望みを叶える最強の力を持つ人たちだけれど、何でもかんでもあなたを支持してくれるわけ

-062-

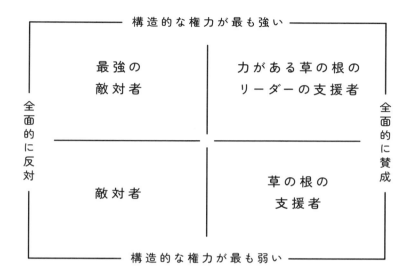

ではない。パワーマップでは、一番上の真ん中あたりにいる。

　お姉さんは、あなたの味方だとしよう——あなたの目的に関する支援者。両親はたいていお姉さんの言うことに耳を貸すから、彼女は右側の一番上あたりに書く。あなたの親友も支援者だけれど、両親にはあまり影響力がないから、右側の下の方。あなたのお兄さんは反対する。だから左側の上の方。

　ターゲットと支援者をマップに書き込んだら、行動プランを練る。お姉さん（インフルエンサー）に、あなたに代わって両親（ターゲット）に働きかけてくれるように頼んでもいいし、一緒にコンサートに行こうと提案してもいい。そうやって、パワーマップを活用する。

第 2 章　初めての運動プランを立てる

1人でできることは、ほんのわずか。

一緒にやれば、多くのことができる。

ヘレン・ケラー：アメリカ人作家、活動家

必要なもの

　どうしたいか（ゴール）、誰がそうさせてくれるか（ターゲット）がわかったら、他の準備すべきものについても状況を調べる。自分に聞いてみよう。

　　◆ 運動のゴールを達成するのに、どんなものが要る？

　　◆ すでにあるのはどんなもの？

　必要なものは文房具、PC、携帯アプリなど、資材の場合もあれば、ボランティアをしてくれる友人、18歳未満ではできないことを手助けしてくれる先生やアドバイザー、後ろ盾になってくれる家族など、人材の場合もある。さらに、投稿に使う人気のソーシャルメディアのアカウント、利用許可をもらえる会議室、お金なども必要になるかもしれない。すべて書き出してみよう。

　この時点では、ゴールを達成する方法がまだ正確にわかっていないかもしれない──でも、大丈夫！（戦術については次の章で説明する。必ず）。戦術を選ぶ前に必要なもののリストを作成すると、あなたの活動はぐんと楽になる。たとえば教会のコミュニティースペースを確保できる

とわかれば、募金が戦術のひとつになるかもしれない（無料で募金パーティーを開ける！）。あるいは、学校にあるグラフィックデザインのソフトウェアを使えるなら、チラシ、ポスター、プラカードを簡単に作れそう。

　必要なもののリストは、今はないけどあったらいいものを見極めるのにも役立つ。たとえば、女性用シェルターのための募金をするのに、ブロックパーティー（交通を遮断した街路などで住民が催す野外パーティー）を開くというすごいアイディアを思いついたというのに、軽食や文房具などを用意する資金がない場合もある。だとしたら、短期または中期のゴールを設定して、地元の企業から寄付を受けたり、両親や友だちに場所や物品の寄贈を頼んだりするといい。

　戦術に取りかからずに、先にあれこれ計画するのはつまらないかもしれないし、宿題みたいに感じるかもしれない。よくわかる——わくわくもドキドキもなく、リスト作りがいろいろとある。うぅっ！　だけど、もう知識はかなり蓄えたから（道路に飛び出し、大声をあげて通りがかりの人の注意を引くだけじゃなくて、もっとましなことができるとわかった）、自分が何をしたいのか、いいアイディアがあるはず。自分に問いかけてみて。

◆ 草の根のパワーをどう盛りあげれば、ターゲットに最大の影響や衝撃を与えられる？

◆ イベントを企画してスタッフを配置するには、どれくらいの人数が必要？　イベントは何回開けばいい？　いつ？

◆ 教育のためのプレゼンテーションは何回すればいい？　誰に対して？

◆ ターゲットに影響を与えるには、どれくらいの数の署名が必要？

第 2 章　初めての運動プランを立てる

- ◆ メディアには、何回くらい取りあげてもらえばいい？
- ◆ ソーシャルメディアへのシェア可能な投稿は、いつどうやっ
  てすればいい？

　戦術とひと口に言っても、署名集め、手紙書き、議員との面会、戸別訪問、ソーシャルメディア活動、ストリート劇場等々、数えきれないほどの手段が含まれる場合もあれば、一握りの特定の手段だけの場合もある。この本では、そういう戦術はもちろん、それ以外の戦術もたくさんカバーしていく。

　どうやってプランを立てるかがわかったら、具体的な戦略、戦術に移って、女子の抵抗力をレベルアップさせよう！

覚えておいてほしいこと

1 最初にビジョンやゴールを明確にするプランを立てる

現実的で持続的な変化を起こすには、事前の見通しや戦略が必要。ただ抗議の叫び声をあげるだけじゃなく、長い時間をかけてかかわろう。あなたのやる気や願望を刺激するような、小さくて実現可能な目標を考えて書き出そう。

2 誰がターゲットで、協力者で、敵なのかを知る

変化を起こせるのは誰か、変化のために闘ってくれるのは誰か、その変化に（そしてあなたに）反対するのは誰かを知る必要がある。リサーチしてみよう。そうすれば、ゴールはより明確になる――その結果、実現の可能性が高まる。

3 必要なものがそろっているか、しっかりと考える

ゴール達成に必要となりそうなものを書き出す。まだそろっていないものがあれば、どうやって手に入れるかを考え始めるのは今。何がすでにあるか、簡単に手に入るか。それ次第で、戦術が選びやすくなる（詳しくは次の章で！）。

第 3 章

抗議する、署名を集める、行動を起こす

「行動を起こせ！」。
活動家たちは口癖みたいに
しょっちゅうそう言う。
行動を起こしたら、
ガチな活動家になってしまうんじゃない？
あなたはそう思うかもしれない。
そう、ある意味、それは当たっている。
でも、ひと口に行動といっても、
数え切れないほどいろんな方法がある。
リツイート、デモ行進のための寄付、
集会への参加、デモや集会の主催、
どれもが行動だ。
ならば、行動を起こすには何をすればいいかを知ろう。

何かをしよう！

◆

自分のことを──まずは自分自身に、

お互いに、そして世の中に向かって──

語るのは、

革命的な行動だと信じています。

そのせいで、敵意を持たれたり、

疎外されたり、

暴力を受けたりするかもしれません。

でも、その行動が愛に、理解に、

限界の超越に、

コミュニティーにつながることもあるのです。

ジャネット・モック

アフリカ系アメリカ人トランスジェンダーの執筆家、活動家

『Redefining Realness（現実の再定義）』より

◆

私は　子どもの頃から、父と母が教職員組合のメンバーとして活動するのを見てきました。両親は資金集めのイベントを計画したり、車のトランクに抗議のプラカードをいくつも積んで走り回ったり、夕飯のときに組合の仕事について話し合ったりしていました。自分や他の人の権利が侵されたら戦わなければならないと、私は両親を見て学びました。

　私が初めて活動に参加したのは大学生のときで、女性に対する性暴力や家庭内暴力に反対する「テイク・バック・ザ・ナイト」というデモに参加しました。安全に歩ける夜道を取り戻すため、大学の構内を行進して「イエス以外はイエスじゃない、ノーと言わなくたって。何を着ようとどこへ行こうと」とスローガンを唱えました。この体験で、私は根本的に変わりました――女性としても、活動家^{アクティビスト}としても、性暴力の被害者としても、人としても。どんな戦術を取るにしても、行動を起こすときの感覚はいつまでも心に残るものです――コミュニティーって、団結って、女性同士の連帯って、抵抗ってどんな気持ちがするのか、骨の髄から、身体の芯から、舌の奥から感じるのです。

　この章では、行動を起こすための戦術を紹介します。それぞれの戦術の一番効果的な使い方や、あなたの運動でどう応用すればいいかがわかります。一度に使える戦術は、たいていふたつ以上あります。とても多くの戦術を紹介しますが、もとになる戦略はどれもよく似ています。

どの戦術がいいか、どうやって決める？

　戦術を具体的に検討する前に、ちょっと戦略を練っておこう。まずは運動プランをもう一度よく見て、自分自身について考えてみて（＊3-1）。

第 3 章　抗議する、署名を集める、行動を起こす

- ◆ 私のゴールは何？
- ◆ 影響力を持つターゲットは誰？　その人物に接触する一番いい方法は？
- ◆ ターゲットに働いてもらい、ゴールを達成するには、どんな戦略を立てればいい？
- ◆ 必要なものは？　それでどんな戦略を実行できる？

　あなたが使う戦術は、あなたの戦略にどんぴしゃでマッチしていないといけない。次に挙げるような戦略を次々と使うのもいいし、ひとつかふたつに絞ってもかまわない。

人間関係を築いてメンバーを募る | あなたが取りあげる問題に関心を持ってもらう。

人を動員する | あなたの支持者に行動を起こしてもらう。

自分の活動は支持されていると示す | あなたの問題意識に大勢の人が関心を持っているとはっきり示す。

＊3-1　戦略は中長期的な目標と方向性を含む広範な計略。戦術は戦略を成し遂げるための短期的、具体的な計略

自分の力を **はっきりさせる**	あなたが影響力のあるリーダーであっても、草の根の仲間の1人であっても、自分の力について説明する。

大勢の人に **理解してもらう**	あなたが提起する問題がなぜ重要なのかを理解してもらい、味方になってもらったり、行動を起こしてもらったりする。

ターゲットに **プレッシャーをかける**	特定の人、またはグループに、あなたの要求を伝える。

メディアの関心を **引きつける**	あなたの問題提起をメディアに報道してもらって、さらに多くの人の心を動かす。

「何をするか」から始めない

　もちろん、事前の準備はさほど楽しいわけではなく、**メチャクチャ頭に来ている**ときに戦略的になるのはとてもむずかしい。でも私は、初めての活動で戦略を考えずにいきなり戦術を決めようとする人（年齢に関係なく）をたくさん見てきた——「なぜするか」を考えないまま、「何をするか」（たいていは、多くの人になじみがある戦術——抗議行動）に目を向けてしまっている。

　とはいえ、「何をするか」から始めるのも、悪いとばかりは言えない。とんでもなくひどいことがあったときには、すぐさま直に抗議してもかまわない。歴史を振り返ってみても、そういうケースは多い。

　でも、ただの抗議行動は、活動のゴールや戦略が伴う行動とは違う。**ゴール**とゴールを達成するための**戦略**がなければ、突発的な抗議行動は

第 3 章　抗議する、署名を集める、行動を起こす

一度限りのイベントで終わってしまう。活動家スピリットがかき立てら
れて気分がすっきりするかもしれないけれど、結局何も変わらない。

　また、自分1人だけで行う抗議は、すぐに変化をもたらすという点で
はあまり役に立たない。ハーバード大学とストックホルム大学の経済学
者が2011年に行った調査によれば、変化をもたらすのは抗議行動そのも
のではなく、その後にとる行動。抗議行動に参加した人は、デモ行進な
どの後に再び行動を起こす傾向が強く、政治プロセスに携わったり、変
化を求める運動のメンバーとして働いたりする。大勢の人があなたの抗
議行動にエネルギーを注いでくれるような運動をしなければ、きっと行
き詰まってしまう。

　大学で「テイク・バック・ザ・ナイト」の抗議デモに参加して以来、
私はすっかり変わった。でも、抗議行動によって、学内のレイプやレイ
プ文化はなくなっただろうか？　ノー。私たちが叫ぶスローガンを聞い
て、レイプ犯は心を入れ替えただろうか？　残念ながら、ノー。抗議行
動でみんなが同意について理解し、どうすれば確実な同意が得られるか
を理解しただろうか？　これも、ノー。抗議行動を見た大学側は、学内
の性暴力に関する対策を改善しただろうか？　ノー。デモ行進は、象徴
的な意味合いが大きい。デモ行進の最大の効果は、人々が性暴力に対し
て立ちあがり、声をあげられるように力づけることだ。

　では、運動を組織する立場の人は、戦術を決めるときに何を意識すれ
ばいい？　いつも「なぜするか」を出発点にして、それに合う戦術を考
えるようにしよう。抗議行動は、間違いなく優れた戦術だけど、それだ
けではだめ。どうすれば、抗議行動の最中だけでなく、その後もみんな
が行動を起こしてくれるか、他にどんな戦術を組み合わせれば意義のあ
る変革を起こせるか、それを合わせて考えないと。

　さあ、数ある戦術をよく調べてみよう。どんな形態の戦術があるか、

-074-

難易度はどうか、どの点がすごいか、かかる時間や人数はどれくらいか、必要なものは何か、効果的に戦術を使うためのヒントは何か、確認してみよう。

路上の活動：デモンストレーションと決起集会

デモは公共の場で抗議を行う活動で、みんなの関心を高めること、大勢の人の目に触れることを目的とする。数ある抗議行動のなかでも、多くの人が真っ先に思い浮かべるのが、この路上の行進だ。政府、または自治体の建物の外に集結し、メガホンでスローガンを唱える。抗議のパワーを込めて、プラカードや横断幕を掲げ、こぶしを突きあげる。デモの形は、ただ集結したり行進したりする以外にもいろいろとあって、集団が大きくても小さくても成功させられる。

この戦術のスゴイところ

◆ あなたの理念に賛同してくれる人を募ったり集めたりできる

◆ ある人物、問題、法律、理念への賛成または反対を、多くの人が支持していると示せる

◆ 地域の人たちが、集まって打ち解け合う場を提供する

◆ 問題についてメディアの関心を集める

◆ 大規模キャンペーン（全国アクションなど）と公に連携できる

◆ 小さな問題について現状を打開できる

難易度　★★★★★★☆☆☆☆

1〜10のレベルで10が一番むずかしい。抗議行動の立ちあげは6。つ

第3章　抗議する、署名を集める、行動を起こす

まり、誰でもできるけれど、かなりの調整力、時間、企画力が要る。デモ
の規模が大きくなるほど、成功させるのはむずかしくなる。

この戦術のさまざまなタイプ

決起集会 ｜ 大勢の人が集まって一緒に意見を表明する。演説をした
　　　　　り、署名を集めたりする場合が多い。

行進 ｜ 大勢の人が集まって、歩道や車道を行進しながら抗議す
　　　　る。象徴的な通りや交通量の多い道路で行う場合が多い。

バーマシェイヴ ｜ 何人かで交通量の多い道路の脇に立ち、それぞれ
　　　　　　　　　がプラカードを掲げる。通りがかった人がプラ
カードの言葉を順に読むと、抗議のメッセージがわかる（バーマシェイ
ヴは、昔懐かしいアメリカのシェービングクリームのブランドで、おも
しろい語呂合わせのコピーを区切って書いた看板を、高速道路沿いに順
に並べるという広告戦術で有名だった）。

ゲリラ ｜ 現状を打ち壊したり活動メッセージを宣伝したりする
アクション ｜ ための、あらゆる型破りな方法。たとえば、①**ストリー
ト劇場**──個人またはグループで、演出たっぷりのドラマチックなシー
ンを公共の場で演じる。②**フラッシュ・モブ**──大勢の参加者が指定さ
れた時間に決められた公共の場所に集まり、簡単な振り付けのダンスを
したり、歌を歌ったり、アクションを行ったりしてすぐに解散する。

抗議の横断幕を ｜ あなたのメッセージを書いた抗議の横断幕を、人
張る ｜ 目につく場所や象徴的な場所に、張ったり垂らし

たりする。

市民的不服従 良心に基づき従うわけにはいかないと考えた特定の法律、行政府や権力者による命令に、非暴力的手段で公然と違反する行為。たとえば、①**座りこみ**——要求がかなえられるまで、象徴的な場所、人目につく場所などで座りこみを続ける。②**封鎖**——建物の入り口、特定の場所、街路などで、大勢が互いに腕を組んだり、ドアや構造物に身体をくくりつけたりして立ちはだかり、封鎖して入れないようにする。③**退出**——抗議の意味を込めて、学校や職場からわざと出ていく。

その他いろいろ デモのやり方はいくらでもある。可能性は無限大！

人数はどれくらい必要？

　戦術のタイプによって違う。決起集会なら、多ければ多いほどいい！少人数のグループや個人の場合は、ストリート劇場のようなゲリラアクションが効果的だし、ビジュアル的にインパクトがあるデモもいい。たとえば4人のグループならば、決起集会のようなことをするよりも、まとまったバーマシェイヴを決行する方が効果がある。逆に、100人集まるのなら、決起集会、行進、フラッシュ・モブなどができる。

チーム内の役割

　理想を言えば、何か活動をするときには、あなたと一緒に行動してくれる人たちがいる方がいい。小規模なデモならチームを組織する必要はないかもしれないが、大規模な決起集会ともなればチームを作って、次

のような役割を分担してもらうのがいい。

意思決定する人（たち）・チームのまとめ役（たち）	大きな判断を下し、デモを行う組織のリーダーとして役割を果たす。
ピースメーカー	デモ行進全般に目を配り、世話をする。ひと目でわかるように、アームバンドをつけたり、決まった色の服を着たり、目につきやすいアイテムを身につけたりする。
警察との連絡係	チームと警察の橋渡し役をして、デモの終了まで警察官と直接やり取りする。
進行役・スピーチ係	デモの最中にスピーチをする（機会があるたびに）。
メディア対応係	グループやチームを代表して、メディアに対応する。
アクセス確認係	活動やデモに誰でも参加できるように、アクセスを明確にする。
医療係	医薬品を持ってデモに帯同し、必要があれば応急処置を行う。
路上係	路上でデモについて知らせる。
録画係	デモのようすを録画する。

準備するもの

プラカード、マイク	デモ行進では、プラカード、横断幕、そろいのTシャツ、コスチューム、小道具など、ビジュアルに訴えるものがよく使われる。

| **メガホン、マイク** | 大勢の人が集まりそうな場合や、行進中にスピーチをする場合は、おそらく拡声器が必要。メガホンやマイクをレンタルしたり、地元の非営利の活動グループから無償あるいは有償で借りたり、オンラインで購入したりする。法律や条例を調べて、拡声器の使用許可が要るかどうかを確認する。ヒューマン・マイクロフォンを使ってもいい。 |

| **開催場所** | たとえば、地元の議員がターゲットなら、もちろん市役所の前で集会やデモをすればいい。でも、そうでない場合は、公園や人通りの多い街角など、とびきり人目につきやすい場所を選ぶ。自治体の使用許可について調べておくこと。使用料が要るかもしれないが、その額を支払えない場合は免除を願い出る。**支払い能力がないからといって使用を許可しない自治体はないんじゃないかな。** |

| **ソーシャルメディア** | デモについて、何よりも早く簡単に知らせることができる。Facebookに活動イベントのページを作ったり、Twitterのモーメントを作成したりして、#をつけて発信すれば、抗議する人たち同士で連帯を示せる（あとで投稿を探すのも簡単）。 |

ヒューマン・マイクロフォン

大規模な集会、デモで、道具や装置を使わずに声を増幅させる方法。記録によれば、1990年代後半の反核運動で使われるようになり、拡声器の使用が認められなかった2011年の「ウォール街を占拠せよ」運動で大きく広まった。**やり方：**スピーチを始める合図として誰かが「マイクチェック」と大声で言う。それを聞いた周りの人たちは、声をそろえて「マイクチェック」と

繰り返し、自分の周りの人たちに伝えていく。ひと通り伝わったところで、スピーチをする人が数語ずつ区切って話し、それをまた周りの人たちが声をそろえて伝えていくと、集団の端にいる人までスピーチが伝わる。

計画にどれくらい時間がかかる？

何かが起きて、すぐさまそれに反対する人が集まり、デモの開始までに数時間しかかからないこともある。特に、経験のある人が組織するとそういうケースがある。たとえば、2017年にアメリカの大統領ドナルド・トランプが、「ムスリム・バン」として知られる、中東7ヵ国からアメリカへの入国を禁止する大統領令13769号に署名したとき、それから数時間で何千人もの人が国内の主要空港に集まった。

前もって抗議デモを計画する場合、調整や告知に数日から数週間、あるいはそれ以上かかることもある——デモが大規模で、大勢の人が遠くから集まるとしたら、とりわけ時間がかかる。大都市で行う大型デモ行進を、さまざまな場所の人やグループが連携して計画するなら、数ヵ月前から準備した方がいいかもしれない。

最高のデモを成功させる5つのヒント

1 象徴を考える

デモは象徴的な活動。だから、あなたの活動にまつわる象徴的な場所や特別な日があるといい。たとえば、「ウィメンズ・マーチ」の参加者がみんなでかぶる、辺り一面を埋め尽くす勢いの鮮やかなピンク色の「猫耳形ニット帽」は活動の象徴だ。合衆国大統領ドナルド・トラ

ンプが、性暴力を受けた女性を蔑視する発言をしたことに抗議する人た
ちが、ニット帽を被って今も世界各地でデモを行う。あるいは、2014年、
「Black Lives Matter（黒人の命は大切だ）」運動に参加した18歳のマイク・ブ
ラウンが、ミズーリ州ファーガソンの警官に射殺された事件に抗議する
「Hands Up Don't Shoot（手を挙げるから撃たないで）」というスローガンやプ
ラカードも象徴的意味が大きい。

2 社会的に弱い立場の人の声をいつも中心に

あなたが活動するのは、あなた自身やあなたの地域に直接かかわる問題があるから？　それとも、自分には直接かかわりがない問題で困っている人たちを支えたいから？　あなたが1人で支援するのなら、社会的に立場が弱く直接影響を受ける人たちを必ず仲間に入れる。その人たちを差し置いて代弁するのではなく、その人たちと一緒にデモを組織して、**彼らの希望に合わせてあなたの戦術を使う**。さらに、あなたが組織するデモには、社会的に弱い立場の人たちが必ず安心して参加できるようにする。たとえば、移民の権利に関する抗議を行うなら、Facebookなど公のツールで返事を求めたりしない。

3 許可について調べ、許可を得ておく

公共の公園や公道の歩道など、公共の場所でデモ活動を行う場合、許可は必要ない（＊3-2）。でも、許可を得ておけば、その場所で抗議行動を行える証明になり、同じ場所でカウンターデモ（あな

＊3-2　日本では、道路交通法77条により、所轄警察署長の許可が必要。自治体の許可が要る場合もある

第 3 章　抗議する、署名を集める、行動を起こす

たのデモに対抗するデモ──そう、それが現実！）をするのがむずかしくなる。許可を得ていれば不当逮捕される可能性も低いし、アフリカ系やヒスパニック系のアメリカ人、トランスジェンダー、既存の性別に当てはまらないジェンダー・ノンコンフォーミング、移民など、警察に目をつけられそうな人が大勢参加する活動では、許可が重要になる。アメリカ国内で路上を行進するなら、許可を得て100パーセント合法的に行うべき。なぜって、たとえその道路が言論の自由に関して伝統のある場所だとしても、安全面の理由から自由な言論が制限される場合もあるから（たとえば、交通の妨げとなる行為は、ほぼすべての場所で違法）。

4　ソーシャルメディアで あなたの主張を拡散させる

抗議活動とソーシャルメディアは目立ってこそ有効なので、このふたつをうまく使って、できるだけ派手でイケてる抗議行動にする。デモについて前もって大勢の人に知らせるのはもちろん、当日は声の力をライブで見せつける。終了後には、写真や動画を投稿しておく。きっと、あっと言う間にバズる。

5　権利について知る

これが何よりも大切なヒントと言ってもいい。アメリカでは、抗議する権利は基本的自由のひとつだけれど、この権利は絶対に侵されないわけではない。だから、抗議行動を計画して実行する前に、何が合法で何が違法かを知っておかないと。わからないことは、地元の経験豊富な活動家に尋ねよう。警察と相対するときに備えて、法律について知っておこう。抗議行動として平和的に法律の順守を拒むつもりなら、特に法律をよく知っておく必要がある（77ページ、市民的不服従参照）。万が一逮捕された場合の計画も立てておく。そして**必ず**、両

-082-

親や保護者など、信頼できる人に自分の計画について話しておく。

署名のパワー：葉書、手紙、その他いろいろ

　署名活動は、抗議行動と同じく草の根組織の基本的な戦術で、この世に書き言葉が生まれて以来（つまり、すごく昔から）機能してきた。署名活動の基本中の基本は、自分たちの意見を記した書面にとにかく大勢の人に署名をしてもらい、集まった署名をターゲットに渡して、草の根の大きな力を見せつけることにある。

　署名なんて役に立たないという話を耳にしたことがあるかもしれないけれど、それは大間違い。署名はものすごい影響力を発揮することがある。確かに、たった1人の署名では（それがとてつもなく影響力のある人でない限り）たいした力はないかもしれないが、大勢の署名には意味がある。文字を使った署名には、大規模な抗議行動と同等の力がある——ひとつの運動の理念の後ろに、何百、何千もの人がいる。

　この戦術のいいところ

◆ 草の根のパワーが目に見える形になる

◆ ターゲットに影響を与えて、特定の立場をとったり、行動を
　起こしたり、投票をしたりしてもらうきっかけになる

◆ ある人物、問題、法律、理念への賛成または反対を、多くの人
　が支持していると示せる

◆ あなたの理念についての世間の認識を急速に高められる

◆ 政治家になろうとする人を、正式に候補人名簿に載せること
　ができる

第3章　抗議する、署名を集める、行動を起こす

難易度　★★☆☆☆☆☆☆☆☆

　あまり費用がかからず、効果的で、基本的な文章が書ければ誰にでも簡単にできる。

この戦術のさまざまなタイプ

} **昔ながらの
署名用紙を作る** | ターゲットへの要望がよくわかるように2、3行の文章を書く。たとえば、「（ターゲットの名前）様、〜〜（反対、抗議の理由）のため、ぜひ△△法案

に反対票を投じてください」と書いて、その下に署名欄を設ける。

} **葉書キャンペーン** | 旅行先から出す絵葉書ではない。この戦術では、望む変革を起こすためのメッセージを記した葉書を大量に送る。ターゲット宛の葉書

にあなたの要望を書いて印刷し、賛同する大勢の人に署名して投函してもらう。ボリュームの点でとても効果が高い。なぜなら、昔ながらの署名用紙100枚に署名があってもただの紙切れと思われるだけかもしれないが、100枚の葉書の山ともなれば強い印象を与えられるから──そう、ヤバイと思わせられる（厄介だと思われたら注目してもらえる。そのパワーを見くびっちゃいけない）。

} **手紙キャンペーン** | 葉書キャンペーンと考え方は同じで、大量の手紙をターゲットに送って、要望を伝える──でも、葉書よりはちょっぴり努力が必要。

同じ文の手紙を大量に印刷して大勢の署名を集めるが、形式ばらない心のこもった文面の方が、ターゲットに読んでもらいやすい。多くの人が

署名したくなるような、パワフルなポイントをメッセージに入れて、わかりやすいように問題の背景も記しておく。葉書と同じように、大量の手紙も見た目に強烈な印象を与える。

**Eメール、
オンラインの署名**

ウェブサイト上で大勢の人にサインしてもらったり、論点を記したネット上の署名フォームを使ってターゲットにEメールを送信してもらったりする。Change.org はよく利用されるサイトのひとつ。Googleフォームでも簡単に署名を集められる。

**ソーシャルメディア
の署名**

Twitter ストーム、Twitter ラリーなどとも呼ばれる。多くの Twitter のユーザーが特定の問題に関するツイートを一斉に投稿したり、ターゲットにタグをつけたりする。Thunderclap などのウェブサイトを使えば、膨大な数の一斉ツイートを管理できて、計り知れないインパクトを与えられる。

人数はどれくらい必要？

Eメールやオンラインの署名活動をするなら、1人でもできる。でも、大勢で路上に出て署名を集めたり葉書を配ったりするなら、少人数のグループで活動する方がいい。目標は最大限の署名を集めることだから、本当は大勢で一斉に（ひとつの場所で、またはいくつかの場所で）活動するのが望ましい。

チーム内の役割

署名集めには、すごくたくさんの人手が要るわけではないが、役割に

よって責任を分担する必要はある。

ライター	問題点と、ターゲットへの明快で簡潔な要望を書いて署名する人に訴える。
収集係	署名してもらった用紙を集めて、ターゲットに届ける手はずを整える。メンバーの多くが署名集めに出ている場合は、

特にこの役割が大切。

意思決定する人（たち）・ **チームのまとめ役（たち）**	署名活動を統率し、必要があれば署名をあて先別に（ターゲットとなる人物ごと

に）分け、一番効果的な方法でターゲットに届ける戦略を練る。

準備するもの

プリンター、 **コピー機**	紙を使って署名を集める場合は、プリンターやコピー機を利用すべき。多少の料金を支払って利用

する必要もある。あなたがNGOで働いているのなら、オフィスの機械を快く無料で使わせてくれるかもしれない。コンビニエンスストアや図書館などの施設には高性能のコピー機があって、料金を支払えば利用できる(＊3-3)。

基本的な文房具	署名用のペン、用紙を挟んでおくためのクリップボードなどが必要。

計画にどれくらい時間がかかる？

　署名活動自体は数時間、または数十分あれば始められる。時間がかかるのは、その前の段階だ。誰をターゲットにするか、署名を最大限有効に活用するにはどんな戦略を取るか、などを決めるのに時間が必要。

最高の署名活動を成功させる5つのヒント

1 **連絡先情報を集める**

署名欄には、郵便番号から住所を記入できるスペースを作る。そうすれば、選挙区ごとに署名を分けて送り、署名者がターゲットから返事をもらうこともできる。また、署名者のメールアドレスや電話番号を記入する欄を設け、今後もあなたの活動に関する情報を受け取るかどうかを示すチェックボックスを作っておくのもいい。あなたの運動で、メンバーやボランティアを募集するのにも役立つ！

2 **数の重みを考える**

署名は、たくさん集めるのにこしたことはない。でも、「たくさん」は相対的な言葉だ。たとえば、手書きの手紙100通は、Eメールの署名1000通に相当する。手書きの手紙は1人1人の個人的な思いがこもっていて、書くのに時間もかかるからだ。また、署名した手紙を議員に出すのなら、州都や首都の事務所ではなく地元の事務所宛にする方がいい。地元の事務所のスタッフは数が少なく、普段は手紙を受け取る機会も少ないので、100通も手紙や葉書が届くと、中央の事務所よりも大ごとになる。

3 **影響力のある人たちに狙いを定める**

署名で集めた大勢の人の声に最大のパワーを与えるには、ターゲットがどうしても——あるいは極力——耳

＊3-3　日本では、公立図書館、大学図書館にあるコピー機は館内資料の複写専用で、持ち込み資料の複写はできない

第3章　抗議する、署名を集める、行動を起こす

を傾けざるを得ない人にも署名してもらうといい。たとえば、あなたの
ターゲットが上院議員なら、その議員の選挙区に住む、次の選挙で投票
してくれそうな（または、してくれなさそうな）人たちが一番力を持っ
ている。ターゲットが同性カップルには売らないという近所のパン屋な
ら、一番力があるのは常連客で、店が差別的な営業をやめなければ商売
はあがったりになってしまう。

4 ︴**プレゼンは簡潔に**
　　完璧に　　第4章で詳しく説明するけれど、あなた
の運動の「何を」と「なぜ」は、思い切り
簡単にしたい。戸別訪問や街頭で署名を
集めるなら、特に徹底しよう。

5 ︴**楽しくやる**　　署名集めは、退屈でダルいとは限らない。友だ
ちと一緒に、人の多い公共の場所に繰り出して
署名を集めよう。おいしい食べ物や楽しい出し
物があるお祭り、イベント会場へ行って署名を集めるのもいい。おやつ
や文房具を用意して、手紙書きパーティーを開いてもいい。

正義を求める電話作戦

　あなたも知っている通り、今や電話はただの電話じゃない。写真アル
バム、日記帳、ToDoリスト、新聞、メールボックス、ゲーム機、銀行、テ
レビ、自分専用のDJなど、いくつもの機能を果たしている。そして電話
は、社会正義のための超強力なツールにもなる。
　電話作戦は署名集めと似ている。大勢の人にすばやく連絡して集まっ

てもらうための、草の根戦術のひとつだ。この戦術では、山ほどのボランティアに山ほど電話をかけてもらう。もちろん、ターゲット本人に直接電話することもある。また電話作戦は、効果的な資金集めの手段でもあり、問題に対する認識を広げるのにも役立つ。

この戦術のいいところ

◆ 人を集めて直ちに活動できる

◆ あなたの理念、あなたの運動のための資金を集められる

◆ ターゲットに影響を与え、問題について賛成または反対の立場を取ったり、行動を起こしたり、投票したりしてもらえる可能性がある

◆ ある人物、問題、法律、理念への賛成または反対を、多くの人が支持していると示せる

◆ あなたの理念についての認識を、大勢の人が急速に広められる

難易度　★★★★☆☆☆☆☆☆

　計画を立てたりボランティアを募集したりする必要があるけれど、実行の難易度は、割と低い。でも、電話が苦手な人にとっては、6か7に跳ねあがるかも。

この戦術のさまざまなタイプ

}コールイン・キャンペーン | 署名集めと似ているが、電話を使う。ターゲットの事務所に電話をかけてくれる人を、できるだけたくさん見つけるべき。大勢の人に、同じ日に一斉に電話してもらうといい。

第3章　抗議する、署名を集める、行動を起こす

| 資金集め 電話作戦 | 電話をかけて寄付を頼む。作戦実行の資金が要る場合も、寄付自体が活動の目的である場合も、電話作戦は支持してくれそうな人に寄付をお願いする有効な手立てになる。 |

| 電話世論調査 | 「〇〇〇の64パーセントが□□□を支持しています」なんてニュースになる世論調査は、電話で行われることが多い。あなたも大勢の人に電話をかけて、 |

問題に関する自分なりの調査をするといい。そうすれば、多くの人にあなたの運動のことを知らせるにはどうするのが一番いいか、あなたが問題だと思うことをみんなはどう思っているかがわかる。

| 「投票に行こう」 戦術 | 選挙運動期間中、投票に行くことを思い出してもらったり、投票所への行き方を説明したりするための活動。いわば、チアリーダーが投票の呼びかけを |

するみたいなもの（「あなたならできる！　こうすればいいのよ！」）。投票日にどこかの選挙事務所でボランティアをして「投票に行こう」コールをかけまくってもいい。

人数はどれくらい必要？

　できるだけ多く集めよう。多ければ多いほど、短い時間でたくさん電話できる。あなた1人でも電話作戦はできるけれど、電話をたくさんかけるのが目標ならば、ボランティアのメンバーを募集した方がいい（集まらない場合は、少人数でもできる戦術にする）。

チーム内の役割

意思決定する人（たち）・チームのまとめ役（たち）	電話番号リストを作り、ボランティアを募って統率し、活動が終了したら成功の度合を評価する。
電話ボランティア	あなたと一緒に電話作戦を行う。

準備するもの

電話機	あたり前だと思うだろうけど、電話機がいくつか必要になる。電話線を何本も引いているオフィスがあれば最高。

誰かの家、学校など、電話線があまりない場所を使う場合は、電話ボランティアの人たちに、各自の携帯電話を使っても差し支えないか尋ねる。あるいは、プリペイドの携帯電話を買って、ボランティアのみんなに使ってもらう。

打ち合わせ場所	地元の活動組織に場所を提供してもらえないかと尋ねる。あるいはあなたの自宅、公的施設の会議室など、静かな公共の場所にボランティアを集め

て打ち合わせする。

電話番号リスト	誰にかければいい？　電話番号のリストを調達しなければ、電話はかけられない。大規模な運動では電話番号リストを買ったり、選挙管理委員会で

有権者登録した人の電話番号を手に入れたりすることもある（＊3-4）。学

＊3-4　日本の場合は、認められていない

第3章　抗議する、署名を集める、行動を起こす

校の名簿、地元の電話帳、すでにある組織のメンバーやボランティアのリストなどを利用するのもいい。また、Eメールやソーシャルメディアを使って当日に電話をかけてくれる人を募る他、ソーシャルメディアで呼びかけてくれる参加者も募集する。

台本　電話をかけるボランティアのために台本を書いておけば、電話で何を話し、何を尋ねればいいかがわかりやすい。ボランティアの人数分コピーして配り、参考にできるようにする。電話で話すのは緊張するという人も多いが、台本があれば自信を持って臨める。

計画にどれくらい時間がかかる？

　電話作戦はごくわずかな準備で実行できるが、ボランティアを集めたり、場所や電話機を確保したりするのに数日、あるいはもう少しかかる。もしも、ボランティアたちがあなたの家に電話を持参して行うのなら、平日の夜にするのか、週末の昼前から午後にかけてするのかなど、時間帯をよく考える。

最高の電話作戦を成功させる5つのヒント

1 　**現実的な目標を設定する**　実は、いくら電話をかけても相手にしてもらえないことは多い。そう簡単にはいかない。何かの勧誘と間違われて、いきなり切られたりもする。でも、気にしなくていい。電話をかける人たちのモチベーションをあげるには、耳を傾けてもらえる電話を何本かけられるか、チームの目標を決める（1時間に1人7本成功すれば上でき）。誰かが目標を達成したら、ベルを鳴らすとか、何かお祝いの儀式をする。

電話の台本

読みやすく、声に出して話しやすい台本を書く。電話をかける人の名前を入れる欄を必ず設ける。選挙で選ばれた議員の事務所にかけるときは、特に名前を名乗ることが重要。電話作戦に限らず、さまざまな場面に応用できる台本を作ることが大切。あなたが問題とすることについてボランティアたちが誰かに説明するときも、台本があれば、自信を持ってあなたのメッセージを伝えられる。

台本サンプル1

「こんにちは。（議員の名前）さんの選挙区に住む（自分の姓名）です。（都市／区名）に住んでいます。お電話したのは、（議員の名前）さんに（法案名）に賛成してほしいからです。なぜなら、（その法案が重要な理由）だからです」

台本サンプル2

「こんにちは。（運動の名目）でボランティアをしている（自分の姓）です。（問題が重要な理由）と考えているので、活動しています。お電話したのは、（ターゲットの名）に（要望）していただきたいからです。あなたを頼りにして構いませんか？」

いい台本を作るには、次の3つを必ず入れる

1 電話をかける人の名前

2 電話をかける人とターゲットの関係（選挙区に住んでいるとか、ターゲットが教育委員会の場合はその学区にある学校の生徒であるとか）。

3 問題に賛成する、あるいは反対する明確な理由

第 3 章　抗議する、署名を集める、行動を起こす

2 〉 **適切な時間帯を選ぶ** 平日の真っ昼間は、みんなが学校へ行っていたり働いていたりするので効率が悪い。ベストな時間帯は、月曜日から木曜日の夜だ。そして、午前中の 10 時より前は避ける。家事や仕事で忙しかったり、祈りの時間だったり、スポーツの試合を中継していたりするから（もしも中継中なら、マジでキレられる！）。

3 〉 **電話番号リストが少なくても工夫する** 充分なリストがないときは、ボランティア 1 人につき 5 人の友人や親戚に電話してもらう。

4 〉 **しっかりと記録を残す** 結果報告用紙を作って電話をかける人に配る。電話番号リストを担当ごとに分割し、番号欄の横に結果をメモする欄を作ってプリントアウトすると簡単にできる。結果は記号や略語で書いておくといい。たとえば、

　ル──留守番電話にメッセージを残した
　フ──不在
　ア──後でかけ直す
　マ──番号間違い
　○──行動を起こしてくれる／協力してくれる
　×──断られる／電話を切られる

5 〉 **楽しくやる** 電話作戦を実行する数日前にボランティアの人たちと会って雰囲気を盛りあげ、成功の秘訣を伝えておく（何か食べながらするのがいい！）。

-094-

誰だって電話をかけるときは、特に知らない人にかけるときは、気まずい思いをする。だから、仲間と楽しく電話作戦を実行すれば、チームのみんなが勇気づけられて気楽にできる。

Resist.com デジタルキャンペーン

　第1章では漫画、テレビ番組、映画、音楽など、女性や女子を性の対象として見たり、辱めたり、ステレオタイプ化したりするメディアについて取りあげた。でも、デジタルの世界でパワーのあるコンテンツを生み出せば——女子の手で女子のために——自分たちの経験やアイデンティティーを正しく伝えられる。

　デジタルキャンペーンは、オンラインの活動を促してリアルな世の中を変えようとする成長著しい手法だ。アプリケーションやウェブサイトの作成、ハッカソン（＊3-5）の主催、ソーシャルメディア・コンテンツ、ビデオ、ブログ、オンライン署名の開発とシェアなどが現在のデジタルキャンペーンだ。リアルな活動と別にする必要はなく、リアル世界でキャンペーンやプロジェクトを実行し、同時にTwitterで集会を呼びかけたりオンライン署名を募ったりするといい。

　この戦術のいいところ
　◆ あなたの問題意識や、変化の必要性を説明できる

＊3-5　ソフトウェア開発者がチームを作り、短期間で集中的にプログラムの開発、サービスの考案などの共同作業を行い、技能やアイディアを競うイベント

第3章　抗議する、署名を集める、行動を起こす

◆ ターゲットに影響を与え、問題について賛成または反対の立場を取ったり、行動を起こしたり、投票したりしてもらえる

◆ ある人物、問題、法律、理念などを支持していること、あるいは反対していることを示せる

◆ あなたの理念に賛同してくれる人を募集したり動員したりできる

◆ あなたの理念や運動に関して寄付金を募れる

◆ メディアの注目を集められる

◆ より大きな運動と連携して公に立ちあがることができる

◆ あなたの理念についての世間の認識を急速に高められる

難易度　★★★☆☆☆☆☆☆☆

　アプリケーションや機械に強ければ（スマートフォンを持っていて、扱いになれているとか）、難易度はさがる。

この戦術のさまざまなタイプ

| 携帯メール戦術 | 会合への出席、上院議員への電話、オンラインの署名、ソーシャルメディアでの拡散など、あなたが懸念する問題への支持を呼びかけるメールを送 |

る。ボランティアをしてくれる人や志を同じくする人の連絡先をリストアップする。

| Twitterで集会を呼びかける | リアルな世界の集会と同じで、場所がオンライン上になるだけ。＃をつけて、仲間と決めた時間に一斉にTwitterで拡散させ、＃のフォロー、リツ |

イート、ツイートによる「参加」を呼びかける。集会が盛りあがっている

-096-

最中に、有名人に「演説者」として参加してもらえたら理想的。リアルな集会と同じく、議員に対するツイート、オンライン署名、ボランティアへの参加などを「参加者」にお願いする。

Eメールリスト 作成 ボランティアに登録した人、あなたのキャンペーンについて問い合わせてきた人などをリストにする。電話番号リストと同じように、Eメールリストも常にアップデートする。大量のEメールを一斉送信してもいいし（みんなの個人情報を守るためにbccを使うのを忘れないで！）、メーリングリストサービスを利用するのもいい。

Facebookイベント、 Facebookページの利用 大勢の人が毎日訪れる場所で、支持者同士をつなぐ優れ技。あなたの友だちを招待して、それぞれの友だちをさらに招待してもらうように頼む。2017年の「ウィメンズ・マーチ」も、最初はFacebookの地味なイベントだった！

写真を使った 署名活動 ボランティアや支持者で、キャンペーンを象徴する写真、または＃つきのメッセージを書いたプラカードを持っている写真などをシェアする（ターゲットをタグづけした人にはボーナスポイント）。

人数はどれくらい必要？

行動を起こすには頭数が必要だけれど、グループを立ちあげるのは少人数でいい。オンラインにあげてしまえば、たちまち拡散する。

チーム内の役割

意思決定する人（たち）・チームのまとめ役（たち）	デジタル戦略を統括する。
データ名人	さまざまな人の連絡先、署名写真の参加人数、あなたの Facebook で何らかの行動を取った人が何人いたかなど、入ってくるすべてのデータを記録する。その

データは、関心を示した人に行動を呼びかけて動員するのに使う。

コンテンツクリエーター	情報をアップデートして発信したり、キャンペーン用のユニークなコンテンツを制作したりする。テクノロジーの知識やデザイン力が要る重要な役割。

準備するもの

インターネット	2015 年には、すでに世界の半数の人がインターネットを利用していて、若者の大多数が自宅、あるいは各自のスマートフォンでインターネットを

利用している。ネット環境がない人は、図書館やインターネットカフェを利用する。

基本的なグラフィックデザインのソフトウェア	あらゆるタイプのデジタルキャンペーンに必要というわけではないが、Twitterのヘッダー画像、共有画像、Snapchat

フィルターなどを手早く作ったり、利用したりする場合には役立つ。自分のコンピューターに入っているソフトウェア、あるいは Pixlr フォトエディタ、Canva（どちらもモバイルアプリあり）といったウェブサイトを利用するといい。

計画にどれくらい時間がかかる？

さほどかからない。ソーシャルメディアと同じで、デジタルのキャンペーンはあっという間に広がる。わかっていると思うけれど、今日♯をつけたら、明日にはすごいことになる。

最高のデジタルキャンペーンを成功させる5つのヒント

1 オリジナルコンテンツを制作する

他のソースから素材を拝借したりしない——あなたのキャンペーンに特化したユニークでシェアできるものを作る。言葉だけよりも、視覚に訴える方が強力な効果がある（だって正直言って、ぎっしり詰まった文字をスクロールして読む人なんているの？）。スマートフォンやタブレットを持っているなら、ビデオカメラも使える。Instagramのアカウントがあれば、写真の編集も上手にできる。Snapchat（＊3-6）が使えれば、ジオフィルター（＊3-7）で次回のイベントの勧誘ができる。

2 自分のネットワークを利用する

あなたのデジタルコンテンツをシェアしてほしいと、遠慮なく友人や家族に頼む。友人や家族が、さほどソーシャルメディアを利用していなくてもかまわない。あなたのコンテンツが広くシェアされて関わりが増えるほど、多くの検索エンジンで上位

＊3-6　閲覧可能時間が短い写真共有アプリケーション
＊3-7　Snapchatで選択できる、ユーザーが居る場所に合わせて地名が表示される特別なフィルター

第3章　抗議する、署名を集める、行動を起こす

に取りあげられるようになり、さらに大勢の人が見てくれるようになる！

3　流行を取り入れる

デジタルキャンペーンは運動の一環で、ちょっとした冗談をメッセージに入れてもいい。シャレの利いた＃やおもしろGIF画像は、ためらわずにどんどん使おう。賢くて話題性の高い発信をするほど、あなたのメッセージへの関心が高まる。

4　ストーリーを語ってネットを制する

おもしろいものやバカなことがあなたのスタイルに合わなければ、心に響くストーリーを正直に語って人の心を動かす。差し支えがなければ、あなたの理念があなた個人にとってどう重要なのかを世界に向けて語るといい。

5　ヘイターは放っておく

インターネット上には、悪意をまき散らす「荒らし」がいる。率直なところ、荒らしは無視するしかない。関わらずに、ブロックしたり、非表示にしたり、ミュートしたりする。何か危険を感じたら、迷惑行為を記録し（悪質なツイートのスクリーンショットを撮るとか）、サイトやソーシャルメディアの運営者に不適切な行為を報告して、誰か大人に相談する。たいていは意味のないただの脅しだ。誰かがあなたをめがけて、意図的で暴力的な言葉を発したとしても、我慢しようなんて思っちゃだめ。

-100-

今の女子活動家(アクティビスト)は未来の有権者: 選挙で選ばれた議員へのロビイング

あなたが18歳未満なら、法律上の選挙権はない。でも、それでも、あなたにも関係がある法案が議会を通過するし、議員たちはあなたの声を無視できない！　投票権があろうとなかろうと、自分の懸念を国や政府のリーダーに伝える権利は、憲法で保障されている。

選挙で選ばれた議員は若者のことなんか考えていない、投票権がある人や大口寄付者、専門家の言うことにしか耳を貸さないと思う人もいる。だけど、それは大間違い。経験から言うと、大人よりも**ティーンエージャーの方が**話を聞いてもらえることはよくある。ティーンたちは自分の仲間をいつも気にかけているので率直に話すし、議員たちもそのことをよく知っている。正直で賢く、恐れずに真実を語る若者たちと実行したロビー活動は、これまでで一番パワフルだった。

女子は今、かつてないほど、自分たちには権利を主張するパワーがあると実感する必要に迫られている。女子も女性も、さまざまな攻撃を受けている。私たちが声をあげなければ、いったい誰があげてくれるというの？

この戦術のいいところ

◆ 権利を主張するためのパワーを多くの人に与える

◆ ターゲットに影響を与え、法案について賛成または反対の立場を取ったり、投票したりしてもらえる

◆ ターゲットに影響を与え、特定のイベント、理念、グループ

第3章　抗議する、署名を集める、行動を起こす

について支持する（あるいは否定する）公式声明を出しても
らえる

◆ ある人物、問題、法律、理念への賛成または反対を、多くの人
が支持していると示せる

難易度　★★★★★★☆☆☆

　正直言って、この戦術は手強い。議員と話すこと自体は大変ではない
けれど、わけがわからないミステリーみたいな、政治プロセスの基礎知
識が要る。しかも、法案にしろ、法律にしろ、政策にしろ、基礎知識がな
ければとてもじゃないが理解できない。経験豊富な活動家や活動グルー
プ、活動組織と一緒に行動するならば、その人たちがかみ砕いてわかり
やすくシンプルに説明してくれるので、その場合の難易度は★★★☆☆
☆☆☆☆──間違いなく実行できるレベルになる。

あなたの地域の議員は誰？

あなたの地域を代表する議員を知ってる？　たとえ知らなくて
も大丈夫。すぐにわかるから。

◆ おそらくあなたが暮らす自治体は、町長や市長を首
長とする、町議会、市議会によって運営されている。
その他に、郡レベルの役所もあって、郡議会があり、
郡長がいる

◆ 州法を扱う州議会は、連邦議会と同じく二院制で、
州の首長は知事（＊3-8）

-102-

◆ 国は、下院と上院から成る連邦議会によって運営される。国の最高指揮官は大統領 (＊3-9)

◆ あなたの地域の代表となっている人を知りたい？インターネットで検索してみよう (＊3-10)

この戦術のさまざまなタイプ

目的によって、さまざまなロビー活動の方法がある。ロビイングは主として、ある問題について公職にある人と一緒に取り組む（または、議論する）機会を得るために行う。あなたにどれほど多くの支援者がついているかを見せつける機会でもある。

パワーを示すロビイング ｜ ロックスターなどの有名人、あるいは大勢の草の根のボランティアなどと一緒に、議員、著名人、CEOなどと膝を交えて話す。50人以上を伴って議員を訪ねるのもいい。社会的地位、または数の力を利用して力を誇示し、あなたの問題意識がどれほど広く支持されているかを目の当たりにしてもらうのが目的。

＊3-8　制度は違うがアメリカの州議会に当たる日本の地方議会は、都道府県議会。都道府県の首長は知事

＊3-9　日本の場合、国は衆議院と参議院から成る議会、国会議員の多数に指名された首相を長とする内閣によって運営される

＊3-10　日本の国会議員は「国会議員いちらんリスト (http://democracy.minibird.jp/)」、地方自治体の議員は各HP参照

第 3 章　抗議する、署名を集める、行動を起こす

| **非公開の ロビイング** | 数人だけで議員執務室を訪ねる、小規模で個人的なロビイング。徹底的に話し合い、あなたの考えについて議員に賛同してもらうのが目標。力を示すのではなく、 |

運動のゴールに向かって進むのが大切。

| **地元での ロビイング** | 自治体や国の議員の地元の事務所を訪ねてロビイングする。国会議員は首都だけでなく、地元にも必ず事務所を構えている。首都まで出向かなくてもいいので、 |

あなたに賛同する地元の支持者たちを説得しやすいという利点がある。

| **立ち寄り ロビイング** | 約束せず、事務所にふらっと立ち寄る。訴えるテーマを心に刻んで立ち寄り、置手紙をしたり、名刺を置いたり、来客名簿に名前を書いたりする。確率は低いけ |

れど、もしかしたら議員本人に会えるかもしれない。逆に、事務所のスタッフとさえ話すチャンスがない場合もある。みんな超絶忙しいから。置手紙は、あなたが訪ねてきたことを知ってもらうのに役立つ。

| **追跡 ロビイング** | 地元の議員の講演会やイベントにもれなく顔を出しては、あなたが懸念する問題について率直に話し、質問する、高度な（そして、ちょっと嫌味な）作戦。追跡 |

ロビイングの目的のひとつは、住民は問題に関心を持っていると議員に知ってもらうこと。こちらの質問に対して、すらすらと答えられないようなら、公衆の面前で——たぶんメディアもいる——うろたえさせられる。

人数はどれくらい必要？

1人でもできるし、大勢のグループでも構わない。成し遂げたい目標、議員とどんな関係にあるか、現実に何人動員できるか、などによって変わってくる。

チーム内の役割

ロビイングチームのリーダー　議員との面会を設定し、面会の方向性を決め、出席メンバーを議員に紹介する。自分以外に発言者がいる場合は、順に発言してもらって面会を順調に進め、議員からの質問に全力を尽くして答える。

記録係　ロビイングの面会では、会話がどんどん進んでしまうこともある。誰かが記録を取っておけば、発言の内容を後からグループで共有するのに役立つ。議員に何を要求したか、議員やチームは何を質問したか。答えはどうだったかなどを含め、面会の進行をすべて記録する。

体験談を語る人　できることなら、政策や法律の影響を直接受けている人も一緒に行って、個人的な体験を語ってもらう。

データ分析名人　要点、統計値、メッセージなどを拾い出し、話の焦点がずれていないかを確認する。リーダーと緊密に連携を取り、話が脱線しないか、質問に対して意味のある答えが得られているかなどを見守る。

準備するもの

勉強　法案や法律、政策について議員と議論するつもりなら、まず、あなたが懸念する問題を明確に伝えなければならな

い。あなたの地元の議員は、その法案や政策をよく知っているはずだけれど、何もわかっていないことだって充分あり得る。だから、これをチャンスにして、エキスパートになろう！　事前にきちんと勉強して、メモを持って行こう。

置手紙　プリントを用意して、置いて帰る。あなたの理念を簡潔に伝える、1枚刷りのプリントがいい。デザインを凝らしたパンフレット形式でもいいし、あなたの問題意識の要点を書いた署名入りの手紙でもいい。あなたが帰った後も、あなたが気にかける問題を思い出してもらえるし、議員に会えなかったとしてもあなたの考えを伝えられる。

お礼状　議員を訪問した後はお礼状を出して、あなたのこと、あなたとの議論をもう一度思い出してもらう。

計画にどれくらい時間がかかる？

　懸念する問題についてよく理解しているのなら、計画にはさほど時間がかからない。データを集めて研究し、理念を明確な言葉で表現し、ボランティアをまとめる（誰が誰の車に乗るかも決めておく）。この戦術が使えるかどうかが決まる要素は、議員のスケジュールだ——事務所に電話をしたり、メールや手紙を書いたりして面会を求め……とにかく返事を待つ。地元の事務所に国会議員を訪ねるなら、議員が確実に地元に帰っている日を選ばないといけない。数週間先まで予定が詰まっている議員も（そう言い張る人も）いる。正式な要望書を提出したり、秘書と話したりする必要もあるかもしれない。長期戦を覚悟して、絶対に諦めてはいけない。議員との面会は国民の権利だから。

最高のロビイングをする５つのヒント

1 〈議員個人の行動を探る〉

問題点について勉強するとき、地元選出の議員が過去にどんな投票行動を取ったかを確かめる（＊3-11）。また、各議員の関心がどこにあるか、どんな行動を取っているかについての、一般の人のイメージも知っておくといい。それによって、どの議員があなたを支援してくれそうかがわかる。さらに詳しい議員個人の行動——どんな市民グループにかかわりを持っているか、議員になる前の職業は何か、議員以外の職を現在も持っているか、どんなタイプの問題を後押しする傾向にあるか——を知る必要もある。その結果、あなたと共通の趣味がある、あなたと同じ宗派の教会に通っている、なんていうこともわかったりする。子どもの問題に積極的に取り組んでいる議員なら、あなたが取りあげる問題を子どもの問題と関連づける。ガールスカウトにいた人なら、あなたの問題がガールスカウトの観点からも意味があると説明すればいい！

2 〈最後に必ず要望を出す〉

ロビイングでは、議員に要望を出して、その議員が今後どういう行動を取るのかはっきりと聞き出さないといけない。一般的なのは、ある法案や政策に賛成、あるいは反対してもらいたいという要望だけれど、地元のヘイトグループを批判してほしい、最近起きた惨事について声明を

＊3-11　日本の参議院の採決は議員全員で行う。各議員の投票行動は、参議院 HP の「ライブラリー＞投票結果」（http://www.sangiin.go.jp/japanese/kaiki/index.html ）でわかる。衆議院の採決は会派単位で行われる。各会派の賛否は衆議院 HP の「議案情報＞議案の一覧」（http://www.shugiin.go.jp/internet/itdb_gian.nsf/html/gian/menu.htm ）でわかる

-107-

第3章　抗議する、署名を集める、行動を起こす

出してほしいという要望でもいいし、あなたの組織を公に支援してほしいなんていうのもアリだ（そうだ、資金集めや決起集会に議員を招いちゃおう——いけるよ！）。相手の答えを引き出さないうちは面会を終えちゃだめ——イエスかノー、最低でも今後の計画は答えてもらう。

**　面会する議員個人について知ると、その人に合う方法でメッセージを伝えられる。**

3　**メッセージから外れないようにする**

あなたは、メッセージをまとめるのにかなりの時間をつぎ込むのもいとわないはず。自分が言いたいことを議員への要望にうまく関連づけられる？　事実、理屈、説得力のある話、問題を痛感してもらうための工夫をうまく使える？　どうやって、あなたの話に関心を持ってもらう？　自分のメッセージを理解すればするほど、うっかりと本筋を外れる事態は免れられる。議員たちは（残念ながら）、要望に返答したくない場合に、はぐらかす策をよく使うから。

4　**守りを固める**

議員側からむずかしい質問をされたり、あなたの話は嘘っぱちだと言われたりしたらどう反応するか、前もって考えて練習しておく。あなたの考えに反対しそうな人は誰か、その人たちがどんな発言をしているかをチェックする。そういう人たちに反論し、彼らが広めている誤った情報にすぐさま堂々と応対するにはどうすればいいか？　きちんと準備しておけば、隙を突かれはしない。

-108-

5 「われわれこそが、われわれが 待ちわびてきた人物だ」

黒人の両性愛反戦活動家、人権活動家であるジューン・ジョーダンの言葉とされるが、女子が未来を形作る動機はこれに尽きる。今は投票権がないあなたも、投票できる日はすぐにやって来る！　議員たちだって、間違いなくそれを知っている。2018年、ミレニアル世代の有権者数が、ベビーブーム世代の有権者数を上回った。あなたたちはかつてないほど人種的に多様化した世代で、社会的価値やその他さまざまな点においてとても進歩的だ。議員たちが理解していようといまいと、若い有権者や間もなく有権者になる人たちが未来を形作り、現状を揺り動かしている。それは間違いない！　あなたも、できることから参加しよう──選挙の候補者の事務所でアルバイトをしてもいいし、ロビイングを計画してもいいし、反対運動をしている自分よりも若い有権者や間もなく有権者になる人たちを導く役割を果たしてもいい。

覚えておいてほしいこと

1 なぜ自分の理念を貫きたいのかをよく考えてから、どんな行動を起こすかを決める

自然に起きた抗議にせよ計画を練った抗議にせよ、結果的にたいした変化が起きなかった例について考えてみる。大きな成功につなげるには、どこを改めればいいだろう？　成功を収めたデモ行進についても考えてみる。変化と進歩をもたらしたデモには、どんな戦略があったのだろう？

2 使いたい戦術に必要な条件と人材についてよく考える

デモ行進、決起集会、抗議行動を行うには、大勢の人が必要になる。署名活動、手紙キャンペーン、デジタルキャンペーン、ロビイングなどは、少人数のグループでも実行できる。

3 人前で話すことに慣れる

大勢の人の前で話すのは、簡単だとは限らないし、誰にでもできるとは言えない。自分の短所と長所をちゃんと理解しておこう。たとえ少人数でも、人前で話すのが苦手ならば、誰か助っ人を呼んできても構わない。でも、自信をつける努力はした方がいい――あなたはイケてるし、練習を積めばきっとできる！

第 4 章

メッセージング、メディア、動員

行動を起こすと、言葉はただの言葉ではなくなる。

言葉はストーリーを語り、ものの見方を変える。

言葉は、心の狭い人や

悪意をまき散らす荒らし（トロール）をなぎ倒す。

言葉は政策を変更させ、法案を通す。

言葉は人々の心を違う方向に向ける。

あなたの言葉はパワフル。

あなたの言葉はメッセージとなり、

他の女子たちの共感を呼び、女子の間に連帯を生む。

女子を沈黙させたり、女子の声を遮ったり、

静かにするように言ったりするのは、

女子のパワーを奪おうとしているから。

そんなことさせちゃダメ！

声をあげよう！

◆

私たちは語るとき、
言葉が届かないかもしれない、
歓迎されないかもしれないと恐れる。
だけど黙っていても、恐れはある。
ならば、語る方がいい。

オードリー・ロード

アメリカの小説家、詩人、活動家、フェミニスト

◆

自分

の気持ちをうまく表す言葉が見つからなくて、腹が立ったり、悲しくなったり、苛立ったりすることはない？　言葉が出てこないと感じたら、私はオードリー・ロードのことを思い出します。ロードはカリブ系アメリカ人で、黒人で、レズビアンの詩人で、学者で、力強い声を持った活動家でした。彼女は、主に黒人女性の立場を向上させ、力を与えるという観点から、人種、ジェンダー、階級の問題について、発言していました。

　ロードが初めて詩を発表したのは、15歳のときです。『春』という愛の詩でした。1991年のインタビューで、彼女はこう言っています。「私は高校の雑誌編集部のメンバーで、雑誌に載せる愛のソネットを書きました。でも、先生は言ったのです……こんなものは発表できないって。それで、その詩を『セブンティーン』誌に送ったら、掲載してくれたのです」。どうよ、先生！

　これまでの章では、どうやって行動を起こすか、計画を立てるかなど、どう**動く**かについて説明してきました。次は、どう**語る**かについて考えます。あなたが何をしたいか、なぜそれが大切なのかを伝えるメッセージの作り方について理解しましょう。あなた自身の言葉で伝えるのです！

「メッセージング」って何？

　どんな運動をしているかを伝えるには、発するメッセージがすべて。あなたの運動プラン──あなたのゴール、ターゲット、味方になりそうな人、敵になりそうな人──を、説得力があり、共感を生み、問題の核心に切り込む言葉に昇華させるのが戦略。あなたの言葉で勝利をつかむのがメッセージング。

第 4 章　メッセージング、メディア、動員

　メッセージングがどんなものか、実は誰もが知っている——身の回りには広告が溢れているから。最高のメッセージは簡単(シンプル)だって気づいていた？　だけど、だまされちゃだめ——考え出すのも簡単というわけじゃない。優れたメッセージには4つのWがある。

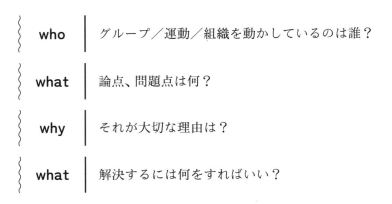

who	グループ／運動／組織を動かしているのは誰？
what	論点、問題点は何？
why	それが大切な理由は？
what	解決するには何をすればいい？

　効果的なメッセージは、聞いた人を「釣る」——つまり注目を引いて、注目を維持させる。いい釣り針には、みんなが注目する何か——画像とか、イベント告知とか、タイムリーで説得力があって逆らいがたい何かがついている。釣り針を思いついたら、自分に尋ねてみよう。

◆ 今この瞬間にこの問題が大切なのはなぜ？
◆ 問題には、大勢の人が個人的なかかわりを感じる部分がある？
◆ どうすれば、みんなの心に響くストーリーを語れる？

メッセージングの3つのタイプ

　大量の情報を一度に一方的に出すのは、いいメッセージングではない。長期的な変化を起こすのが目的の場合、大きな声で派手に騒げば注目は集まるけれど、立ちあがって何か行動を起こすモチベーションには結びつかない。じゃあ、どうすればいい？　効果的なメッセージングの3つのタイプについて考えてみよう。ひとつのメッセージに3つすべてを取り入れてもいいし、どれかふたつを組み合わせても、1度にひとつずつにしてもいいと思う。異なるメッセージを3つ用意する必要はない。メッセージにはさまざまな目的があるとわかれば、それでいい。

1 認知度を高める

あなたにとっての問題は確かに**問題**だとみんなが認知しなければ、それがなぜ大切なのかもわからない。だから、何もしようとはしない。認知度を高めるメッセージングは、大勢の人にあなたの運動を見て、聞いて、知ってもらうきっかけになるので、注目度抜群でないといけない。細かいことをあれこれ並べないで、大胆で、公共性があって、わかりやすく、キャッチーなメッセージに焦点を合わせる。

2 説得する

あなたが何を問題としているかがわかってもらえたら、その問題がなぜ重要なのかを説明し、あなたの味方になってもらうように説得する。ここで初めて、詳しい内容を語り、個人的な話や厳しい現実を共有してもらい、みんなが知識に基づいた意見を持てるようにする。この場合のあなたのゴールは、みんなが何らかの行動を起こすように促すこと。あなたの運

動のボランティアでもいいし、署名集めでも、抗議行動でもいい。説得力のあるメッセージには、必要な情報を盛り込むことが何よりも大切で、そうすれば、みんなが気合を入れて気持ちを奮い立たせ、進んで行動を起こしてくれる。

3 〉**動員する** │ 行動を起こそうと呼びかけるメッセージング。無理なお願いをするとも言える。いつ、どこで何をしてほしいかを、みんなに詳しく説明する。一番重要なのは、一緒に表へ出てあなたのそばで戦おうと、みんなに思ってもらうこと。

認知度を高めるメッセージング

　簡潔に、大胆に、単刀直入に伝えないといけない。認知度を高めるには、問題が存在することを手っ取り早く大勢の人に知らせることが大事なので、長い説明は要らない。多くの人の関心を得るのが大切だから、その気にさせるメッセージを作る必要がある。まずは「ところで、あなた誰？」「何があったの？」なんていう、いや応なく飛んでくる質問に答えるようなものだ。

名前ゲーム

　あなたのグループ、チーム、運動にパーフェクトな名前をつけるのも、メッセージプランの一部。なぜかって？　あなたの理念の認知度を上げる鍵は、名前だから。名前は、もちろんあなたのミッションの**本質**を伝えるし、グループの**アイデンティティー**も明確に伝える。だから、わか

-118-

りにくい名前、紛らわしい名前、長すぎて覚えにくい名前をつけてしまうと、①第一印象がぼんやりして、②あなたの理念に対する認知度、信頼性を高められない。

　自分1人で名前をつけるのは、往々にしていいアイディアとは言えない——1人で何もかも考えようとすると、微妙な意味合いが抜け落ちたり、理念の一番大切な面が反映されなかったりする。グループのみんなで意見を出し合ってみよう。チームのメンバーと一緒に、いろいろなアイディアについてあれこれ考えるのがいい。1人で活動するのなら、家族や友人に意見を聞いてみる。まずは、思いつくものをすべて書き出す——あなたの運動に関連するあらゆる言葉、フレーズ、アイディアをすべてリストにする。運動プランをよく見て、ゴール、ターゲット、戦略について検討する。ゴール達成の助けになる言葉、ターゲットに近づく言葉、戦略を遂行できる言葉はどれだろう？

運動や組織の名前をつけるなら、

◆ シンプル——すごく言いにくい名前は、やめた方がいい。簡単に書けて読める名前にする

◆ 覚えやすい——必ずしも、パンチがある名前、キャッチーな名前、かわいい名前でなくてもいいけれど、聞いたら忘れない名前にしないといけない。ごろを合わせるのはいいテクニックだし、長い名前よりも短い名前の方が断然いい

◆ 本質的価値観を表現する——あなたの理念を「感情」で縁取りするのが名前。「公的な」活動に見えるようにと、おもしろ味のない名前をつける必要はない——「友情」とか、「思いやり」とか、「励まし」とか、感情を込めた言葉を使って、理念に人間味を与えるのもオーケー

◆ **略しやすい** —— つけた名前が2語以上になるときは、イニシャルや略語、ニックネームで呼びがちになる。言いやすい略語になるかどうかも考えてみる（笑われそうな呼び名にならないように —— A.H.O. とか）

いいお手本になるのは、人工妊娠中絶、避妊、がん検診などの医療サービスを手がける、アメリカの歴史ある大手NGO、「Planned Parenthood（家族計画）」だ。誰もがどんな団体かを知っていて名前を覚えている。PPという頭文字を重ねた略語は、短くて言いやすくてわかりやすく、組織の本質的価値も言い表している。PPのミッションは医療や健康管理のサービス提供だけれど、究極のゴールは、多くの人がpregnancy（妊娠）とparenting（子育て）に関する確かな情報とパワーを得て、意思決定ができるようにすること。名前の由来はそこにもある。

　ここで、私の経験を少し紹介する。以前、何人かの友だちと、人工妊娠中絶の経験者のための中立な立場のホットラインを作り、彼女たちが何も心配せずに支援者と話せる安全な場を提供しようとした。カリフォルニア州にある同じような組織、「Exhale（ため息をつく）」に刺激を受けたのがきっかけだった。みんなで長いミーティングを重ね、1日がかりのブレーンストーミングも何度かした結果、落ち着いたのは「Connect & Breathe（つながる＆一息つく）」という名前だった。言いやすく、略しやすく（C&B）、キャッチーで魅力的で、耳を傾けることによって支援するという活動の焦点を強く訴えている。「End Abortion Stigma（人工妊娠中絶の烙印を終わらせよう）」よりもずっといい。「End Abortion Stigma」は、スローガンとしてはいいけれど、名前にするのはいただけない。「Connect & Breathe」なら、過激ではないので、待合室や診察室で情報を目にしても抵抗感は少ない。

一方で、もっと具体的で直接的な名前の方が目的にかなう場合もある。私が設立の手伝いをしたグループは、「Coalition for Police Reform（警察改革連合）」と名乗ることになった。明確で的を射た名前で、CPR という略語もキャッチーだ。それに、一番大事なことだけれど、問題点や、何を成し遂げたいかがよくわかる。

名前は、メディアに取りあげられるときも大きな役目を果たすし、自分の活動を誰かに紹介するときにも名前がなくては始まらない。いい名前を考えるのは、活動の内容に比べたら重要ではないかもしれないけれど、あなたの理念の認知度を高めるのに大いに役立つ！

キャッチーなスローガン

広告代理店は、耳になじむジングルやトレンディーなキャッチコピーを作らなきゃ始まらない。企業は大金をはたいて、顧客の心に強く刻まれるメッセージを作らせようとする——I'm lovin' it（2003年、マクドナルド）、Think different（1997年、アップルコンピュータ）、Because you're worth it（1973年、ロレアル）なんて。でも、心配はいらない。あなたは、あなたにしか作れない心に残るスローガンを作ればいい。お金を使わなくたって、メディア、支持してくれそうな人、ターゲットなどの気を引くスローガンは作れる。

広告の世界には、「ファイブ・タッチ」というセオリーがある（スリーの場合もあればエイトの場合もある——いろいろなバージョンがあって、本当のところ、数はいくつでもいい）。人は広告に平均で5回タッチされなければ、その広告に意識を向けない（もしくは気づかない）というのが、基本のコンセプトだ。

広告のそういうテクニックには、あなたも心当たりがあるはず。今まで知らなかったとしても、思い当たると思う。そう、たとえば、ある会社

第4章 メッセージング、メディア、動員

が新しいフレーバーのソーダを発売したとする。会社は、新フレーバーのソーダを買いそうな人の気を引く広告キャンペーンを、あの手この手で打つ。広告のターゲットとなっているあなたはきっと……。

①好きなテレビ番組を見ている間に、おもしろいコマーシャルを目にする（1回目のタッチ）
②Google検索している間に動画広告を目にする（2回目のタッチ）
③Instagramのフィードをスクロールすると現れる広告を目にする（3回目のタッチ）
④フォローしているブログのバナー広告を目にする（4回目のタッチ）

そういうのが、ほぼ同時に起こってくる。そして店に入ったら、その新しいフレーバーがイチオシ風に並べられていて（5回目のタッチ）、あなたはこう思う。「あ、そうそう、これっておいしいのよね」そして、うまい具合に（ソーダ会社にとって）1本お買いあげとなる。こうやって、ファイブ・タッチ戦略は成功する。やってくれるね！

活動のスローガンも、同じようにすればうまくいく。それがメッセージングプランのすべてではないけれど、スローガンを使えば、みんながあなたの問題意識をわかってくれて、繰り返し聞いたときにそれを思い出してくれる。じゃあ、どうやってスローガンをひねり出せばいい？ ナイキも言っているようにjust do it（やるっきゃない）でしょ？　とは言え、実は効果的なスローガンを作るコツはある。

短い ｜ いくつかの単語が限度。あなたの考えはメッセージングで詳しく説明して、説得すればいい。

キャッチー	読みやすく、わかりやすく、覚えやすい。
具体的	一般論、曖昧な言葉、専門用語は避ける。
強い インパクト	感情を掻き立て、行動の口火を切る。大げさでも OK！。

スローガンのコツをあとふたつ

◆ スローガンを思いついたら、**ゴロがいいかどうか、声に出して確かめる。**ゴロが悪いのはだめとは言わないけれど、ゴロがよければ自然なリズムがあって、声に出して言いやすい。スローガンには、そういう特徴があった方がいい

◆ ＃をつけても魅力的に見えるかを確かめる。必ずしも＃が必要ではないけれど、いいスローガンは短くて読みやすい──いい＃と同じだ

＃blacklivesmatter（黒人の命は大切だ）
ケーススタディー

ここ数年でとりわけパワフルな活動スローガンは、何といっても Black Lives Matter だ。発起人は３人の同性愛者の黒人女性、アリシア・ガルザ、パトリス・カラーズ、オパール・トメティ。彼女たちは、Black Lives Matter は「movement（この先も続く運動）であって、moment（今だけのもの）じゃない」と表現した。１回切りの抗議、単独の問題では終わらないという意味だ。継続的な変

化を起こし、すべての黒人の権利と尊厳を求めている。
#blacklivesmatter は問題をそのまま表記したタグで、国内のあちこちで行われる決起集会で耳にするスローガンでもある。また、Black Lives Matter は、各地に支部を置く全国的な組織の名前でもある。世界中で行動を促すこの輝くスローガンは、メディアや議員から注目され、警官による黒人への暴力や殺人に対して抵抗する環境も変化してきている。

焦らない、でもどうやって？

　活動の理念を、なかなかわかってもらえない場合もある。込み入った政治問題だったり、普段はめったに使わないような専門用語が入っていたりするとわかりにくいし、問題自体が知られていないことだってあるから。

　数年前、Affordable Care Act（医療保険制度改革法）のための組織を作る支援をしていた私は、その法律がどう役立つのかはもちろんのこと、それがどんな法律なのかさえなかなかわかってもらえなくて苦労した。医療保険の仕組みは複雑でややこしいうえに、この法律には4通りの呼び名——Patient Protection and Affordable Care Act（正式名称：患者保護並びに医療費負担適正化法）、Affordable Care Act（通称）、ACA（略語）、Obamacare（ニックネーム：オバマケア）——があったからだ。まずは、どの名前も同じひとつの法律を指しているとわかってもらい、それからACAは何を目指しているか、なぜ役に立つのかを説明するのが主な仕事になった。

　どんな運動をするにも、大きなアイディアをかみ砕いて、みんなが理解して心に留めてくれるように説明しないといけない。そんなとき、矛

盾しているみたいだけれど、小むずかしくて堅い言葉がかえって印象に残ることもあるよね？　でもそれは、言葉の意味がよくわからないから。

できるだけ多くのターゲットや支持者に、あなたの話の内容をわかってもらう方法を挙げておく。

言葉の定義を明確にする

あなたが取りあげる問題や理念に略語や専門用語を使う必要があるなら、その言葉の定義をはっきりさせないといけない。「こんにちは、私たちは医療センターでLARCを利用する機会を拡大しようと運動をしています。LARCは、長期作用型可逆的避妊法のことで、安全で再び妊娠が可能な避妊法であり、有効性が数年間持続し、意図しない妊娠を防ぐ最も効果的な方法だと実証されています」。

わかりやすい言葉を使う

大学進学適性試験の語彙力も、法律用語も技術用語も必要ない。あなたが問題だと思うことを、誰でもわかる言葉で語ろう。その方が、あなたが言うことに共感しやすく、行動を起こそうという気持ちになりやすい。たとえば、「私たちの街を安全な街にしようと話したくて、ここに来ました。移民が快く受け入れられ、地元警察によって連邦政府に引き渡される心配をせずに生活できる街にしたいのです」というふうに。

具体例を挙げる

問題を具体的に説明すると、抽象的でややこしい概念に現実味を持たせられる。たとえば、「差別禁止法ができれば、この州のLGBTの人たちの職場の安全を脅かす**壁が取り払われ**、LGBTフレンドリーな職場を求める政策の必要性に**光が当たります**」など。

第 4 章　メッセージング、メディア、動員

説得するメッセージング

　メッセージングの次のステップは、説得力。**何が**問題かを理解してもらえたら、**なぜ**問題なのかをわかってもらおう。考え方や用語についてわかりやすい言葉で説明したうえで、今度は説得するメッセージングの準備をする。たとえば、ストーリーやデータを使うと、複雑な問題もぐっと身近で関連性のある問題に見えてくる。そうすると、聞いている人は詳細、統計、事実——つまり根拠——を知りたくなる。パワーポイントを使ってプレゼンする必要はないけれど、準備はきちんとしておこう。

トーキングポイント

　集会で話したり、ターゲットを相手に話したり、署名用紙に何か書いたりする場合、大事なトーキングポイントをいくつか入れる必要がある。トーキングポイントはミニメッセージとなり、自分は決してあきらめないという最強の声明にもなる。

　なぜ、トーキングポイントが必要なのか？　たとえば、あなたは親友や両親と、あるいはその他の誰かと、怒鳴り合いのけんかをしたことがある？（もちろん、あるはず）けんかの最中に心にもないことを言ったり、うまく話せなかったりしたかもしれない。でもそれは、激しい苛立ちで適切な言葉が出てこなかったから。

　そんなときのあなたは、ただの**反応**でしゃべっている——本当に**言いたいこと**を言うのではなく、相手の言葉に反応しているだけ。反応で話しているとき、会話の（怒鳴り合いの）主導権はあなたではなく相手にある。トーキングポイントがあれば、その流れが変わり、相手が何か言う前に自分の言うべきことがわかるようになる。トーキングポイントに

-126-

言う

こんにちは。
女性の生殖権に
関する署名を
してもらえませんか？
すごく大事な
問題なんです

私は、この学校の
トランスジェンダーや
ノンバイナリー・
ジェンダーの
生徒を支え、保護する
方針を採用するように、
教育委員会に
要求しています。
これは正しい
行動です

描写する

こんにちは。政府が私たちからバースコントロールの権利を取りあげないようにするために、署名していただけませんか？アメリカ人女性の99パーセントは、人生のどこかのタイミングでバースコントロールを行っています。少しだけお時間を割いて、バースコントロールの権利を救う署名をしていただけませんか？

私は、この学校のトランスジェンダーやノンバイナリー・ジェンダーの生徒を支え、保護する方針を採用するように、教育委員会に要求しています。GLSEN（ゲイ・レズビアン・ストレート教育ネットワーク）によれば、トランスジェンダーの若者の75パーセントが学校で危険を感じ、シスジェンダーのクラスメートと比べてGPA（グレード・ポイント・アベレージ。各科目の成績を基に算出する、学生の成績評価値）が明らかに低く、危険を感じるという理由で学校を欠席する傾向も高くなっています。行動を起こすのは、それが正しい行いだから、トランスジェンダーの生徒は平等に教育を受ける機会があるべきだからです

よって、自制心を保ちながら会話ができる。そうすれば、説得力も生まれる。

　トーキングポイントがあれば、問題について話す場合も、とりとめのない話になったり、脱線したり、話のゴールを見失ったりするのを防げる。記者があなたがへまをするように、あるいは賛否が分かれるような発言をするように仕向けるときも、議員があなたの質問に答えたくないからと話題をそらすときも、敵があなたを怒らせてディベートに勝とうとするときも、トーキングポイントは重宝する。

　超説得力のあるトーキングポイントを入れるには、前もってしっかり考えておくことが大切。私の場合は、大学の創作の講義で教わった「言うのではなく描写せよ」を取り入れている。創作とは、ストーリーを文章で**説明**するのではなく、文章を通じて**体験**してもらう作品だ。つまり、とても重要な問題だと誰かに言うのは結構なことだけれど、それだけでは相手の心を引き込むことはできない。でも、問題の重要性を描写できたら、相手の想像力と分析力に火がつき、その人なりの結論を導き出してくれる。前ページを参考にして。

「言う」と「描写する」の違いをわかってもらえた？　事実を**描写する**と、相手は態度を決めやすくなる——うまくいけば、あなたに賛同してくれる。**言う**だけでは、相手があなたと同じ考え方をするように指図することになり、マインドコントロールの達人でもない限りうまくはいかない。

　では、ある問題が重要だと「描写する」にはどうすればいいだろう？　複数の方向性があって確実に実行できるアプローチをとるのがいい。例を挙げる。

**トップライン
メッセージ**　人に聞いてもらいたい短いメッセージを、ふたつ3つ考えてみる。短くてシンプルなメッセージがいい。わかりやすい言葉を使って、それぞれのメッセージが別々のポイントを持つようにする。

事実と理屈　どんな数字やデータが、自分の話を支えてくれるかを考える。事実は主張の信憑性を固め、メッセージが理屈と真実に根差していると示す。とはいえ、事実を並べるだけのメッセージは退屈で、聞いている人はその問題がなぜ大切なのかを「感じ」取れない。メッセージが最大の効果をもたらすには、事実と価値観が結びつく必要がある。

価値観　あなたの運動の核となる価値観はどんなもの？　あなたの価値観は、多くの人が持つ価値観とどう結びつく？　メッセージングでは、前向きで力を与える価値観が必要になる。自分の価値観が多くの人の価値観と共通していれば、相手が自分の理念に賛同するように説得しやすい。**自由、正義、公正、誠実、幸福、正直、公平**などは、そういう共通する価値観の代表となる。ひとつでも、ふたつ以上でも、そういう価値観がお互いを結びつけていると示そう。

ストーリー　最近見た、胸を打たれる口コミ動画を思い出して。たいていは、人や動物に何かが起こる動画だと思う。メッセージにストーリーがあると、感情に訴えることができて、自分の理念への共感が得られたり、行動に結びついたりしやすい。あなたが取りあげる問題は、実際には人々にどんな影響を与える？　あなたの運動がどう成功すれば、多くの人の生活が改善されるだ

-129-

ろうか？

メッセージトライアングル

　もともとはビジネスの世界で用いられるツールで、販売員や講演者などが「説得術」の一環として使う。メッセージトライアングルは、運動を組織する人や活動家にとっても役立つ。同じように何かを売り物にしているから——ネイルラップやレギンスじゃなくて、理念に共感し、要求を満たそう、**今すぐ**行動を起こそうという動機を売り物にしているからだ。

　なぜトライアングル？　たいていの人はメッセージを3つ頭に入れるのが精いっぱいで、それ以上は詰め込めない。聞き手をうんざりさせずに、できるだけ多く情報を与えるのが上手い戦略となる。ひとつのトーキングポイントから次のトーキングポイントへ、自由に飛んでかまわないし、特にスピーチやメディアのインタビューでは、そうするのが効果的だ。というのも、それが自然な話し方に近いから。

　メッセージトライアングルの例を挙げよう。一番大切なメッセージをトライアングルの真ん中に置いて、3つのトップラインメッセージを3辺のそれぞれに置く。トップラインメッセージは短くする——わかりやすい言葉で一文だけ。トップラインメッセージの下には、裏づけとなる事実、ストーリー、例、詳しいメッセージなどを書く。

　私の好みは、リストよりもメッセージトライアングル。リストにすると、一定の順序でトーキングポイントが並ぶことになり、一番上にあるのが一番重要に見える。でも、トーキングポイントに順序はない（長いリストを読むところを想像してみて。きっと退屈でボーっとしてしまう）。トライアングルはリストと違って、等しい3辺が連結している。トライアングルを使って、問題について語る練習をしよう。

動員するメッセージング

たくさんの人に問題を認識してもらい、それが本当に大切だと納得してもらったら、今度はいよいよ動員する——ゴールに近づくために必要だと思うことを、みんなにやってもらう。

行動のきっかけ

問題についてどの程度知識があるか、熱くなっているかに関わらず、自分に何ができるかがわからない人は、何ができるかを知ろうとしないだろう。だから、運動を組織するあなたの次の仕事は、認知度を高めるメッセージングと説得するメッセージングで奮起してくれた支持者のために、すべきことをできるだけシンプルに伝え、その人たちを明確で具体的な行動に向かわせること。

ある記事を読んだら、あまりにも恐ろしくて、「これはひどい、私に何かできないかな」と感じたとする。でも、何をすれば状況が変わるのかがわからないと、力は**出せない**。支援者たちは、行動のきっかけを求めている。小さくてもいいから行動のきっかけを与えれば、その人たちを元気づけることになり、よい結果につながる。そして、あなたが草の根のパワーを強化する効果も生む。

スローガンやメッセージトライアングルと同じように、行動のきっかけ戦術は、もともとビジネスの世界で使われていた。その手のマーケティング・メッセージは、身の回りにたくさんある。「登録無料」とか「Eメールリストに登録を」とか「今が買い時」なんていうその気にさせるメッセージが、ビジネスの行動のきっかけだ。違いは、私たちは社会正義を売り物にしているという点。私たちの行動のきっかけは、行動を起

-131-

第 4 章　メッセージング、メディア、動員

こすように単刀直入に求める。いくつか例を挙げておこう。

◆ 法案や政策について、地元の議員に電話する

◆ ソーシャルメディアでリツイートしたりシェアしたりする

◆ 署名する

◆ ボランティアに参加する

◆ Eメールリストに登録する

◆ イベントに参加する

　行動のきっかけは、単刀直入で、短く、具体的で、なおかつ包括的でないといけない。長すぎると完全にそっぽを向かれる（「私たちの理念に賛同して女子を支援してください。今ここで署名してあなたの声を届けましょう……」）。賛同した人がすぐに行動できるように、必要な情報をすべて与える（電話をかけてもらうきっかけを作るなら、台本や電話番号。その他、イベントの情報、ボランティア参加の登録フォームなど）。また、どれくらい時間がかかるかを伝えると、相手は助かる（「たったの2分、InstagramやTwitterでこれをシェアしてもらえませんか？」）。マジで、2分は無理って言う人がいるかな？

　また、認知度を高めるメッセージングと説得するメッセージングも結びつけると、今すぐこの場で行動を起こす緊急性をわかってもらいやすい。

　メッセージングの3つのタイプをまとめて使うとどうなるか、例を挙げる。

コンドーム利用プログラム

10代の生徒にコンドームを無料で、または低価格で配布する学校プログラムは（認知度を高めるメッセージング）、何年も前から取り組まれていて（認知度を高めるメッセージング）、意図しない妊娠やSTI（性感染症）を減らすのにとても大きな効果を上げています（説得するメッセージング）。10代の大多数が、コンドームの利用には厚い壁があると言いますが、無料で個人情報厳守の性医療によって避妊具の提供などが受けられれば、10代の人たちは今よりも危険にさらされずにすむという研究もいくつかあります（説得するメッセージング）。ほんの少し時間を割いて、コンドーム利用プログラムに「賛成」票を投じるように教育委員会に働きかける、このオンライン署名に協力していただけませんか？（動員するメッセージング）

社会的プレッシャー

「仲間のプレッシャー」なんてよく言われるけれど、プレッシャーはいいプレッシャーでなくちゃ。授業をさぼるようにプレッシャーをかける、なんていうのはだめ。だけど、抗議行動として退席するのなら、授業をさぼるプレッシャーはアリだ。

　みんなのFOMO（＊4-1）を利用するのも、社会的プレッシャー戦術のひとつ。そう、罪悪感を持たせたりうまく言いくるめたりして、正しいことをしてもらう（これも、卑劣なやり方や悪いやり方はだめ）。いくつか

第 4 章　メッセージング、メディア、動員

の研究によれば、社会的プレッシャーは多くの人を投票に行かせるのにも功を奏する。カリフォルニア大学とFacebookが共同で行った2010年の調査では、Facebookで友だちが投票に行ったメッセージを見る場合、文字だけでなく写真もある方が、リアル世界で投票に行く効果が高いことがわかった。友だちが何らかの行動を取るところを見るとFOMOの感覚が生まれ、自分も「I Vote（投票しました）」シールを手にした自撮り写真をupしたくなる！

　みんなをその気にさせるには、罪悪感と責任感を利用する手もある。ひどいと思うかもしれないけれど、決して悪意はない。アメリカ政治学会による投票に関する研究では、隣人たちの投票歴がお互いにわかるメールを受け取ると（誰に投票したかではなく、投票したかどうかだけがわかる）、投票所に向かう傾向が高くなることがわかっている。近所の人をメールで脅すのはいけないけれど、こういう類の社会的プレッシャーは動機づけに役立つ。「みんな今夜の集会に来るよ！　あなたも来ない？」と誘う方が、「来るっていう人があまりいないの、だから、あなたに来てもらいたいの！」と言うより効果的に決まっている（誰もいないパーティーに行きたい人なんている？）。

　社会的プレッシャーは、オフラインでも効果がある。学校のプロムの前の誓約キャンペーンで、プロムではドラッグをやったりお酒を飲んだりしない、プロムの後に飲酒運転をしないなんて誓約書にサインするように求められるでしょ。それも社会的プレッシャーのひとつ。だからあなたも、行動を起こすとか、あなたと一緒にロビー活動をするとか、あなたの活動チームに参加するとか、誓約カードにサインしてもらったらどうかな？

メディア利用の基本

メッセージングのそれぞれのタイプについて考えが深まったところで、次は言葉を発信してみよう。**メディア戦略**は、ぜひとも運動プランに加えるといい。なぜかって？　メディアはとても多くの人に届くパワーがあるので、みんながあなたの理念に注目してくれるから。「メディア」という言葉は、かつては新聞、雑誌、テレビ番組を意味していた。でも今は、ブログ、デジタルマガジン、動画、ソーシャルメディアなどの巨大な世界が含まれている。とはいえ、あなたの問題意識に注目してもらう手段である点は、ほとんど変わらない——スケールが大きくなって速度が速くなっただけ。たとえば、Facebook Liveなら、動画が一瞬にして拡散する。大手の報道機関が、ストーリーを求めてソーシャルメディアをしらみつぶしに当たることも多い。地方の高校で起きたことが、一夜にして全国ニュースになることだってある。

だから、**あなたも**これまでとはまったく違うやり方でストーリーを発信できる。FacebookやTumblr、Twitter、Instagramに登録しているなら、あなたはもうすでにメディア・コンテンツ・プロデューサーだ！

だから、運動のプランを立てるときは、メディアが果たす役割も合わせて考える。たとえば記者会見を開くなら、週末とか深夜とか、メディア関係者が集まりにくい時間帯は避ける。自分の言葉はレポーターに向けて発すると自覚して、レポーターたちの注意を引きつけるいい釣り針を知恵を絞って考える。一番大切なのは、メディアも、ターゲットを動

＊4-1　fear of missing out（自分だけが大切な情報を知らないのではないかという恐れ）

かすツールのひとつだと考えること。

　次に説明する3つのタイプのメディアは、どれも「ヒット」を生み出す可能性がある。「ヒット」は広告用語で、ブランドがさまざまなメディアで取りあげられることを指す。運動の場合は、あなたやあなたの活動が「ブランド」となる。

無料メディア | あなたのストーリーを無料で掲載してくれるメディア。ブログ、新聞、テレビ局、ラジオ局、ソーシャルメディア上のシェアやリツイートなど。そのようなメディアの利用には、まったく費用がかからない。一般に「メディア」という場合、無料メディアを指すことが多い。

自前のメディア | ソーシャルメディア上のプレゼンス、自分で作った画像、動画、自分のHP、ブログなど、自前のメディア。

調達メディア | 有料の広告や広報、誰かに頼んで投稿してもらう有料のブログコンテンツなど。

　ここからはさらに掘り下げて、この3つのタイプをあなたの運動でどう生かすかを理解しよう。

無料メディア

　メディアを使って注目してもらう方法は山ほどあるけれど、まずは運動のゴールをよく理解して、どんなメディア戦略がゴールの達成に役立つかを考えよう。

プレスリリースや
お知らせを送る

プレスリリースは、ニュース価値があると思うことを報道機関に直接伝える告知。長くても2ページまでで、ニュースに値する内容と、それが重要である理由を記す（＊4-2）。

お知らせは、イベントや記者会見への招待状みたいなもの。普通は、大事な情報だけを手短に書く。とはいえ、こういう昔ながらの方法は使われなくなりつつある。今では、Eメールが一番確かな方法だし、ソーシャルメディアで活躍するレポーターやライターには、メッセージを送ったりタグをつけたりするだけでも充分効果的だ。

編集部に意見を
送る

たいていの新聞には、社説やオピニオンの欄がある。ニュースを伝える記事は偏りがないのが建前だけれど（必ずしもそうでないにしても）、**社説欄**にはそのときどきの問題について新聞社の論説委員が社としての意見を書く。また、オピニオンの欄には外部の識者の意見が載るし、読者の手紙が載る読者欄もある。そういうものを利用しない手はない！

自分なりの意見記事、あるいは**オプエド**（＊4-3）を書いて、新聞社に送ろう。地元紙に寄せられる、女子やティーンエージャーからの意見記事がどれくらいあるか知ってる？　そう多くはない。ソーシャル・ベンチャーの「オプエド・プロジェクト」によると、書き手は「大多数が欧米の白人で年齢が高く、特権階級で、圧倒的に（85パーセント）男性」だそ

＊4-2　国際ガールズデーのプレスリリースのサンプルはこちらのサイトを参考に（https://www.plan-international.jp/press/pdf/20180925.pdf）
＊4-3　新聞紙上に掲載する、社外の識者らを起用した社説とは反対の意見、論説

うだ。だったら、あなたの声は間違いなく目立つ。言いたいことをよく理解して自信を持って語れば目立つ。だから、語ろう！　本気で語ろう！

　トップラインメッセージ、事実と理屈、価値観、ストーリーを覚えているでしょ？　そういう要素を使って説得力のあるメッセージを書き、認識を高めるメッセージも取り入れれば、意見記事は完璧になる。肝心なのは自分の考えを表現することだから、自分が言いたいことだけに集中して書けばいい。

　編集者に簡単な**手紙**を送るだけでも、自分の理念や運動について紙やデジタルのメディアに載せてもらうきっかけとなる。掲載には、字数制限やその他のガイドラインがあるはずなので、掲載を希望するメディアのホームページで確認し、指示に従う。

　すでに掲載された記事に対する率直な反応や、地元の読者からの反響は、受け取る側からすれば一番興味深い。だから、最近載った記事について自分の意見を送ってみるといい。

　最後に、あなたが取りあげるテーマが本当にニュースに値すると思うのなら、編集部に直接**投げて**もいい。プレスリリースと同じように、あなたの運動に関する情報を編集長に送りつけ、じかに会いたいと正式に申し込む。あなたのテーマに魅力があり、地域に大きな影響をもたらすなら、編集者との面会は効果が大きいはず。

ブログと独立メディア

今日、ブログは従来の新聞以上にとは言わないまでも、同等の影響力を持つ。つまり、もはやブログは正当なメディアだ。

　好きなときに更新できるブログは、従来型の大手報道機関よりも、ランダムなストーリーを拾いやすい傾向にある。だから、あなたの運動もオンラインのメディアで報道してもらえば効果的だ。

あなたのストーリーをブログ、または特定のブロガーに直接投げてみよう。Google検索をしたり、ソーシャルメディアを細かくチェックしたりして、あなたと同じような問題について書いているブロガーを探す。フェミニストのブログ、女子のブログ、社会正義をテーマとするブログなどを当たるといい。

投稿やプレスリリースで、あなたのストーリーを取りあげてもらうように頼む。写真も送る。フォロワー向けにインタビューを掲載してもらうように提案する。

たとえば、『Huffington Post』であなたのストーリーを取り上げてもらえば、地元紙に載るよりもさまざまな意味で影響は大きい。特に、あなたの運動が全国的なスケールで、新しく、先端を行っているのならなおさらだ。インターネットメディアへの投稿は、速くて無料——好きなだけやっちゃおう！

活動を紹介しているブログ

Autostraddle • Bitch Media • Buzzfeed • Colorlines • Crunk Feminist Collective • Democracy Now! • Everyday Feminism • Feministing • Huffington Post • Independent Media Center • Mic • Upworthy • Rewire • Slate • The Root • Vox（＊4-4）

＊4-4　日本の場合は下記を参考に。ヒューマンライツナウ、日本国際ボランティアセンター、アムネスティ日本、UN WOMEN 日本事務所、ハフィントン・ポスト日本版、バズフィードジャパン、BLOGOS、ハーバー・ビジネス・オンライン、Yahoo! ニュース個人、MetooJapan (@JapanMetoo)

第 4 章　メッセージング、メディア、動員

メディア好きの女子向け、インタビューを受けるコツ

　実際に、あなたにインタビューをするというメディアが現れたらどうする？　あるいは、もっとありがたいことに、あなたが接触するよりも先にあなたに接触してきたメディアがあったら？　すごい！　でも、本当にインタビューを受けるなんて！　キャーッ！　ここで、レポーターとか、ライターとか、そういう人たちと話して「記録される」ときのコツを伝授する。

必ずコメントする　　「ノーコメント」とは、絶対に言わない。映画の世界じゃないから。「ノーコメント」と言ってしまったら、「コメントを拒否した」と書かれるリスクがあるし、そうなったら、あなたの言うことすべてが怪しいと思われかねない。でも、だからといって、メディアが求めるすべてに答える必要はない。時間がないから、手が空いていないからと、丁寧に断ればいいし、答えたくない質問には、自分はコメントすべき立場にはないと言うのもいい。

準備をしておく　　インタビューの申し込みがあっても、準備が整っていなければ、期限を尋ねてそれまでにこちらから連絡すると言えばいい。その間にしっかり予習すれば、準備はばっちり。

**メッセージ
トライアングルを使う**　　思いがけないインタビューには、自分の考えを整理してから臨む。

-140-

ライブのインタビュー でも慌てない

インタビューがライブかどうか、必ず尋ねる。スタジオで収録する場合は、早めに行って心の準備を整える。カメラがあなたのところへやってくる場合は、自分が落ち着ける場所で収録する。リビングルーム、ダイニングルーム、家の外、事務所など、背景がシンプルな場所が理想的。

自分のトーキング ポイントから離れない

インタビュアーは、賛否の分かれるような問題について質問したり、あなたが不適切なことを言うのを待ち構えていたりする。自分のトーキングポイント、裏づけとなる事実、メッセージを頭に入れて、練習しておこう。答えたくない質問をされたり、答えに窮したりしたら、「つなぎフレーズ」を使って自分のトップラインメッセージに引き戻す。間を取るのも、方向を変えるのも、話題を変えるのも、まったく構わない。一番大切なのは、絶対に、**絶対、絶対、絶対、絶対、絶対**、嘘をつかないこと！

簡単なつなぎフレーズ

◆「いい質問ですね、でも、問題の本質は……」

◆「よく誤解されるのですが、実際には……」

◆「頭に入れておかなければならない一番大切なことは……」

◆「私が思うに、ここでの大きな問題は……」

◆「おっしゃることはわかりますが……」

第 4 章　メッセージング、メディア、動員

自前のメディア

　自前のメディアの一番いいところは、メッセージングを完全に自分でコントロールできる点だ。つまりDIYメディアであり、従来型のメディアを使う場合とゴールはよく似ているけれど、自由度がもっと高い。

　女性、そして女子は、女子のストーリーを誰も報道せず、女子の声に耳を貸さなかった時代からずっと、自らのメディアを作りあげてきた。たとえば、1848年には、ニューヨーク州のセネカフォールズで、女性グループが女性の権利獲得のための初めての会議を開き、アメリカ独立宣言をモデルに男女の平等を宣言する「所感の宣言」を起草した。当時としては超大胆な行動で、アメリカで初めて広く読まれた男女同権論の文書だと言ってもいい。1972年にはグロリア・スタイネムが、メディアの男性優位主義にうんざりしていた数人の女性とともに、『Ms.』誌を企画し、創刊した──企画から執筆、運営まですべて女性だけで作る雑誌の誕生だった。

　以来、女性の手による何千ものDIYメディアが紙媒体でもオンラインでも生まれている。メディアの世界は、いまだにほぼ男性で占められているので、女性を始めとする社会的に立場の弱い人たちは、情報やニュースを共有する自分たちなりの手段を持たねばならない。

ソーシャルメディア、デジタルメディア向けのメッセージング

　ソーシャルメディアは、自前のメディアを作るための超簡単な手段のひとつだ。Facebook、Tumblrはもちろん、Pinterestでも、投稿は数分で拡散される。あなたの運動に関連する写真や図を投稿して、可能性を高めよう。自前のメディアを持ち、ひいては無料のメディアにつなげる

方法は他にもある。

**運動のウェブサイト
を作る** | WordPress や Blogger など、使い勝手のいいプラットフォームを利用する。活動家や非営利団体向けにデザインされたプラットフォームを提供する会社もある（NationBuilder など）。寄付、署名、イベント告知などのウィジェットが設置されているが、記事の掲載は有料の場合が多い。

**統一性のある
アカウントを作る** | ブランド統一のため、それぞれのアカウントの＠以下は同じにする。たとえば、Twitter のユーザー名が @girlsresistandpersist ならば、Facebook の URL は facebook.com/girlsresistandpersist、YouTube のアカウントも youtube.com/girlsresistandpersist にする。

**ポッドキャスト
配信をする** | 標準的なマイクと基本的な音声編集ソフト（アップルの GarageBand とか）があればできる。

**Ｅメールで
ニュースレターを送る** | ちょっと古くさいかもしれないけれど、大勢の支持者のＥメールアドレスに活動状況をアップデートして送信するのは、新しい情報を共有するためのとびきり早くてシンプルなやり方。特に、あなたの運動が拡大しつつあるときには向いている。

ブログを始める | あなたの運動について、あなたよりうまく書ける人はいないよね？　だから、ブログを始めて問題について自分なりに表現し、ソーシャルメディアや、他のブログ、サイ

Riot Grrrl と Zine

ジンは、自主的に制作する低予算の出版物で、少部数をコピーして配布する。コピー機が世に登場して以来、女性解放運動家や芸術家が情報を広めたり、認識を高めたり、大きな変化を起こしたりするのにジンを使ってきた。90年代には、フェミニズム思想を持つアンダーグラウンドのパンクバンドによるムーブメント、「ライオットガール」が起きた。社会の男性優位主義や男性中心のパンクシーンに直面してきた、女性だけのバンドによる「ライオットガール」は、フェミニズムやパンクの思想とかみ合っていた。ビキニ・キル、スリーター・キニー、7・イヤー・ビッチといったバンドは、音楽を主体とするフェミニストの抵抗運動を引き起こし、男性と同じように女性も叫んだり自分を表現したりする場を作った。バンドのメンバーたちは、性的暴行、女性への暴力、人種差別、性差別、同性愛嫌悪、性的欲望などについて、叫び声をあげ続けた。

ジンはパンクシーンのサブカルチャーにおいて共通する媒体で、ライオットガールのシーンでは大きな位置を占めるようになった。「grrrl」という言葉は、「girl」を唸り声で発音するような綴りで、言葉の力を取り戻して怒りと強さを表す意味があり、初期のジンで初めて使われた。文字通り、切り取りと貼り付けを多用して作られたジンには、今日でもエッセイ、芸術作品、コラージュ、政治問題などが掲載され、若者の間で情報を共有し、コミュニティーを作るのに使われている。インターネットのおかげで、プリントされたジンは減退気味だ。でも、Tumblr も Instagram も Snapchat も、いわばデジタルのジンで、女子たちが互いに話をしたりアートや情報を共有したりするのに使われている。ムーブメントは今も生きている！

トと連携させよう。

　認知度を高め、説得し、動員するメッセージングを使って、ソーシャルメディアやデジタルメディアによる発信を盛りあげ、シェアできるコンテンツを作っていこう。メッセージングについて習得した方法を組み合わせて、次の例のようなツイートをしてみよう。

①トランスジェンダーの生徒4人のうち3人が、学校生活で安心できないと感じているのを知ってる？　そんなことがあたり前なのはおかしいよね！　ここをクリックして、この学校のトランスジェンダーの生徒を守るために教育委員会に提出する署名にサインを！　http://yourlink.here（認知度を高め、説得し、動員するメッセージングと、行動のきっかけ）
②トランスジェンダーやノンバイナリー・ジェンダーの生徒も、安心して学校生活を送る権利があるはず。そうじゃない？　水曜日の午後6時に開かれる教育委員会の会議に、一緒に参加しない？　私も行くし、あなたにもぜひ来てほしいの！（説得する、動員するメッセージングと、行動のきっかけ、社会的プレッシャー）

　Eメールは、どんな件名にすれば削除されずに読んでもらえる？　次の件名で、ぜひ開いて読みたいと思うのはどれ？

　件名：トランスジェンダーの生徒キャンペーンに関する週1回のアッ

第 4 章　メッセージング、メディア、動員

　　　プデート
件名：この学校のトランスジェンダーの生徒を守ろう
件名：今すぐあなたが必要！　トランスジェンダーの生徒も安全に学
　　　校生活を送らなくちゃ

　開きたいと思うのは、最後のメールだよね。的を絞った動員するメッ
セージングで、緊急性を伝えている。勝つためのメッセージを忘れないで！

～～～～～～～～～～～～～～～～～～～～～～～～～～～～～～～～～～

調達メディア

　草の根の運動の多くは、有料の調達メディアに使える資金がない。とは
いえ、手が届くものもあるにはある。Facebook 広告なら、25 ドル支払え
ば、あなたの運動や近々開くイベントを地域限定で宣伝できる。あるいは、
地元紙や地方誌なら、わずかな料金で小さな広告を出すことができる。

　　◆ あなた自身の広告を作る前に、最近目にした広告を思い浮か
　　　べてみよう
　　◆ なぜその広告を覚えている？
　　◆ その広告のどこが目立っていた？　キャッチーなスローガ
　　　ン？　強烈なビジュアル？
　　◆ その広告は、あちこちで見かけた？

　広告はファイブ・タッチ戦略のひとつで、見た人が運動を全面的に支
持する可能性があるという点が他のメッセージングとも共通する。次の
「広告デザインのヒント」を読んで、効果的な広告の基本を知ろう。

-146-

広告デザインのヒント

一番大事なことは？　広告のコピーに、あれこれと多くの言葉を使わない。トップラインメッセージ、キャッチーなスローガン、いい釣り針などに絞る。

◆ 大事な部分は最大の文字で書く。見たとたんに目が釘づけになるように。

誰が見てくれる？　あなたを支持するのはどんな人で、あなたの問題意識を理解して共感してもらうにはどういう情報が必要かを考える。その人たちに支持を訴えるには、どんな行動のきっかけがあればいい？

どんな見栄えにする？　強いビジュアルイメージは、人目を引く広告を作るのに大いに役立つ。大小にかかわらず、あらゆる広告においてビジュアルイメージは大切。オンラインで無料のクリップアートやストック写真を探すといい（著作権使用料無料、またはクリエイティブ・コモンズ・ライセンスのもとで公開されている画像を選ぶ）。

◆ 使う権利が認められている画像以外は使用しないで！　権利がないものを広告に使ってしまうと、大きなトラブルになることもある。Googleで画像検索して何でも引っ張ってくればいいわけじゃない。

◆ 高解像度（150dpi以上）の画像を使う。広告をプリントアウトする場合は、特に気をつける。そうでないと、せっかくの画像がぼやけて、素人っぽく見えてしまう。

書き忘れはない？　すべての情報が適切に盛り込まれているか、確認を！　何の広告か、どう行動を起こすのか、誰に連絡するのか、いつどこでイベントがあるのかなど、忘れないで。プリントアウトしたり発表したりする前に、すべての情報に間違いがないか、ダブルチェック、トリプルチェックをして。きっと後で、やってよかったと思うから！

覚えておいてほしいこと

1 メッセージングには３つの段階がある：認知度を高めるメッセージング、説得するメッセージング、動員するメッセージング

フロリダ州パークランドにあるマージョリー・ストーンマン・ダグラス高校で起きた銃乱射事件の後に設立されたNever Again MSD（MSD〈学校名の略〉を繰り返すな）という銃規制を呼びかける団体は、どうやってメッセージングを成功させたのか？ #NeverAgain、#EnoughIsEnoughというハッシュタグはなぜパワフルなのか？

2 私の運動の理念は重要だとただ訴えるだけでなく、問題の裏にあるストーリーを語ったり、感情に訴えたりする方が効果は大きい

1、2時間かけて、あなたの理念を理解してもらえるトーキングポイントをふたつ3つ考えてみよう。事実を調べて主張の裏づけを強化し、自分の立場を守る必要に迫られたときのために、その事実をよく理解しておく。トーキングポイントをよく理解していれば、多くの人を説得するコツが身についてくる。

3 コミュニケーションが鍵

どうすれば多様なメディアをうまく使いこなして、メッセージを発信できるか？　プレスリリース、ブログの投稿、オプエド、レポーターによるインタビューといった戦術のメリットとデメリットを書き出してみる。自分の強みと利用できるもの（時間も含めて！）を見きわめたうえで、どのメディアが最大の成功をもたらすかを考える。

第 5 章

女子の革命のための資金集め

もう知っていると思うけど、
女性も女子もずっと昔から
充分な賃金をもらっていない。
家の仕事だろうが、会社の仕事だろうが、
街頭の仕事だろうが同じこと。
女子は幼い頃から、自分を犠牲にして
他人のために働けと教えられる。
ほしいものを求めちゃいけないというわけ。
女子は、いつもただ働きさせられる。
でも私たちの仕事だって、認められてもいい。
私たちには、自分のために、
そして社会正義を実現する活動のために
資金を要求する権利がある。

資金を手に入れよう！

◆

持てる力を放棄してしまう最多の理由は、
自分には何の力もないという思い込みだ。

アリス・ウォーカー
アフリカ系アメリカ人作家、活動家(アクティビスト)

◆

お金

は、往々にして人生を楽にしてくれます。基本的に、お金は力です——その力があれば車が買えてバスや電車を使わなくてもよくなるし、教育も受けられるし、リラックスできるグッズを手に入れて気晴らしもできます。私たちは資本主義社会で暮らしていて、ここではお金（を手に入れて使うこと）がすべてで、お金が第一です。お金がなければ何もできないと感じるかもしれません——あなたの運動プランがいいところまで進展していると、なおさらそうでしょう（残念ながら、Tシャツやポスター用の厚紙は、どこにでもころがっているわけではないので）。

でも実は、変化をもたらす運動をするのに、お金は何よりも大切というわけではありません。第2章で検討したように、私たちは、ドルやセントが充分になくても、さまざまなものを利用できます。活動家たちはたいてい、まともな資金がないまま運動を行ってきました。なぜなら、抗議運動は必要に迫られてするものだからです。また、そういう運動の多くは、困難な状況に追い込まれている人たちの手で行われます——彼らは弱い立場に立たされ、抑圧され、それゆえに、おそらくあまり裕福ではありません。女子の抵抗運動は、お金持ちの支援に**頼ったりはしません**。支援を受ける資格は、**充分すぎるほどありますが**。

この章では、活動のゴールを達成するのにどうしても必要な現金を手に入れる方法を説明します。衣、食、住にかかる費用の心配がなく、さらに運動を進めるお金が手元に残っているとしたら、あなたには特権があるのだと理解してください。

-153-

第 5 章　女子の革命のための資金集め

~~~~~~~~~~~~~~~~~~~~~~~~~~~~~~~~~~~

お金はどれくらい必要？

　あなたの運動は、資金を援助してもらう価値がある。だから、運動資金を求めるのを心苦しく思う必要はない。運動資金が必要になるケースは、主に次のふたつ。

1　支援が必要な人に直接寄付するお金や品物を集めているとき。つまり、資金集め自体が運動の場合
2　運動にかかる費用として資金を集めるケース。つまり、運動を維持するための資金集め

資金集めを始める前に、何にお金が必要なのか考えてみよう。

◆ 資金を集めるのは慈善団体に寄付するため？　運動の理念のため？

◆ 必要なのは決起集会に参加する交通費？　講習会に行く交通費？

◆ 買わないといけないのはTシャツ？　缶バッジ？　それとも抗議活動で使うプラカード？

◆ チラシやパンフレットを印刷しないといけない？

◆ イベントのために会場や設備が必要？

　たくさんの資金が要りそうに思えるけれど、そうじゃない。お金がないからって、ひるんじゃだめ。無料で使えるものはいろいろある。オンラインの署名サイト、Eメールリストの管理アプリ、ウェブサイト運営サービス、Eメールアプリ、文書共有サイト、ソーシャルメディアサー

-154-

ビス、イベントスペースなどだ。Tシャツやプラカードは自分で作って
もいいし、地域の印刷屋に行けば安くコピーしてくれるサービスがある
かもしれない。グラフィックデザイン、Tシャツ、イベントスペースな
どのサービスや商品は無料でもらえる可能性もある。

　女子が活動するには、才覚が必要になる。運動の予算が50ドルだろう
が5万ドルだろうが、今こそ世の中に飛び出して、徹底的に変化を起こ
さないと。

　この章に書いたアイディアは、「お金を求める」(お金をリクエストす
る)ための枠組み作りに役立ち、あなたに自信を与え、成功に導いてく
れる。きっとあなたは、ぬかりのない資金調達マネージャーになった気
がするはず(なぜって、あなたは本当に達人だし、達人の行動をするか
ら!)。

予算を決める

　予算とは、収入と費用の見積もりのことで、ややこしそうに見えるか
もしれないけれど、本当は簡単。入ってくる額(収入)と出ていく額(支
出)を知ればいいだけ。予算の支出を品目ごとに検討すれば、現実的か
つ実現可能な範囲でどれくらいの総額があればいいのかがわかる。

　予算は基本の資料なので、運動が進むにつれて、アップデートしない
といけないこともある——たいていはそうすることになる。たとえば、
助成金を受け取りたかったのに、断られたとしよう。収入を得るには、
別の資金集めのアイディアを出すか、支出を減らすかして、引き続き収
支を合わせなければならない。

　では、資金集めの大切な第一歩をどう始めるかを考えてみよう。あな
たの運動プランで予算を作成しよう!(だいじょうぶ、思ったより簡単
だから!)

-155-

第 5 章　女子の革命のための資金集め

1 運動プランのなかの
必要なものを見直す

必要だけど手元にないものは、何？
たとえば、イベントスペース、画材、
移動費。

2 運動プランの戦略と
戦術を再検討する

戦略と戦術をひとつずつ検討し、どん
な費用がかかるかを確認する。たとえ
ば、ミーティング時のピザ代、集会で
使う音響装置のレンタル費、デモ用のプラカードを作る材料費など。戦
術をひとつ、またひとつと実行していく場面を想像しよう――何が必要
になる？

3 品目ごとに費用を
見積もる

正しい見積もり額がわからなければ、平
均的な小売価格を調べる。その品物が何
回ぐらい必要になるかも考える。たとえ
ば、4回のミーティングで食べものが必要だとしたら、1回分が50ドル
として、合計200ドル要る。

プロのヒント

見積もりは、低めよりも高めの方がいい。予算には上昇する癖が
あるから。予算作成の目的は、運動の費用を完全にまかなうには、
どれくらいの資金を募ればいいかを把握しやすくすること。

4 見積もった費用を基に 予算を作る

次のページのテンプレートを使って 簡単な予算案を書く。または、エク セルやグーグルスプレッドシートの ような表計算アプリを使う。

5 費用をまかなう収入や 寄付を手に入れる方法 を考える

この章で、これから詳しく説明して いく。今はとりあえず、思いつくこ とをメモしておいて。

6 最終的な利益または 損失を計算する

まず、すべての収入と支出の見積もり をそれぞれ合計し、次に収入合計額か ら支出合計額を引く。

7 必要に応じて 調整する

ビジネスの世界みたいに、利益を生むために 資金集めをするわけではないけれど、すべて の支出をまかなう努力は必要。全収入の見積 額が全支出の見積額よりも多ければ、おめでとう！ あなたの収支は、い わゆる黒字になる（つまり、まったく借金がなく、お金が残っている）。 でもその反対なら、収支は赤字で、費用を抑えるか、もっとお金を集め るか、あるいはその両方で差額を埋め合わせないといけない（159ペー ジの「赤字から抜け出す」を参照）。

帳簿をつける

　予算を立てたら、**実際の支出と収入を記録していこう。**帳簿をつける 作業は、資金集めの計画を進めるうえで欠かせない。帳簿をつけておけ ば、お金に関してきちんと管理された状態を保てるし、寄付者や助成団

予算テンプレートのサンプル

このテンプレートは、活動後にすべての支出と収入を照らし合わせ、残高を照合した状態になっている。まずは、「予算額」と「決算額」の欄をすべて空白にして予算を立てる。支払いと資金集めが完了してから空欄に記入する。

支出の部	予算額	決算額
飲食品（ミーティング8回）	$400	$500
ポスター印刷	$100	$50
支出合計	$500	$550

収入の部	予算額	決算額
寄付募集活動収益	$300	$400
助成金	$250	$250
支出合計	$550	$650

損益	予算額	決算額
収入合計	$550	$650
支出合計	$500	$550
差引金額	$50	$100

体から問い合わせがあった場合に、お金の使い道を報告できる。

　資金集めのイベントを開いたり、寄付を募ったり、必要なものを購入したりするたびに、**あらゆる**支出と収入を記録する。この収支金額を予算の金額と比較して、自分に聞いてみよう。

◆ 収入は目標に届いている？

◆ 支出が予算オーバーしていない？

収支の状態を知るのが早いほど、コース修正も素早くできる。

赤字から抜け出す

最終的に赤字になったら――つまり、費用をまかなう資金を集められなかったら、どうすればいい？　とにかく、パニックを起こさないようにする――赤字だからって世界が終わるわけじゃない。この問題を解決する方法はいくつかある。

◆ 費用をうんと切り詰めて、予算以上に使わないようにする（ミーティング用のピザは買えなくなるかもしれない）

◆ 必要なものを買わずに、寄付してくれる人を探す手もある（地元のレストランや友だちの両親が、ミーティング用の食べものを快く差し入れてくれるかもしれない。ほら、頼んでみてもバチはあたらない！）

◆ もっと多くお金を集めてみてもいい

◆ 募金イベントの回数を増やして（あるいは、次のイベントで

第5章　女子の革命のための資金集め

ひと口の募金額を上げて）、必要なお金を確保できない？

時間 VS お金

　もしもあなたが私みたいなタイプだったら、きっと必要なものはできる限り手作りしたいと考える。抗議用のプラカードだって作ればいい。20枚くらいなら、手作りしてもそんなに大変じゃないし、時間もあまりかからない。でも200枚必要だとしたら、きっとどこかの会社にお金を払って作ってもらう。なぜかって？　そんなにたくさん作るには、たぶん1週間以上かかるから！　これは**機会費用**という考え方で、誰かに作業をしてもらうのにかかる費用と、自分で作業をした場合にかかる時間を効率の点から比較する。

　でも、自分でやると時間がかかるからといって、何でもお金を払ってやってもらうのがいいわけじゃない。機会費用の問題には、草の根的な解決策がある。たとえば、プラカードを作る費用や、コピー店の無償協力を得られないとする。そんなときは、プラカード作りのパーティーを開いたらどうだろう？　友だちをたくさん呼んで、プラカードを作ってもらう。各自がカラーペンなどの画材を持ち寄って、みんなで使う。自分1人で作るよりは計画に手間がかかるけれど、より多くのプラカードを短時間で作れる。おまけに、あなたの運動に加わってくれる新しいメンバーが見つかるかもしれない！

お金と時間はどちらも大事。どこでバランスをとるかは、あなた次第。

活動資金の受け取りと保管

資金を集めて使うなら、受け取りと保管の方法を考える必要がある。覚えておいてほしい方法を、いくつか挙げておく。

当座預金口座を開く　可能なら、これが一番いい方法。ただし、たいていの銀行は、未成年者には親や保護者が保証人になるように求める（＊5-1）。その人物の信用情報がよくないと、口座を開けない場合もある。そんなときはどうすればいい？　別の方法を試してみよう。

（両）親または保護者（たち）の銀行口座を使わせてほしいと頼む　または、あなた専用の口座を親や保護者の名義で開設してほしいと頼む。でも、銀行に口座を持たない人も多い。その場合はどうする？

現金オンリーの募金活動を行う　鍵のかかる箱、大きな瓶、封筒などを用意して、そこにお金をためる。どうしても小切手で寄付したいという人がいたら、受取人をあなたにしてもらえば、銀行で換金できる。少額の小切手なら、ほとんどの銀行で、口座がなくても換金してくれるはず。この方法は、小規模な（1000ドル未満

＊5-1　日本の場合、多くの銀行は15歳以上であれば、自分だけで口座を開設できる。まったく年齢制限がない銀行もある

の) 資金集めの場合にとても有効だけれど、さらに大きな金額を集める
つもりなら、もっと安全なシステムが必要になる（＊5-2）。

**資金を管理してくれる
非営利団体を見つける**

この方法を使うと、あなたの運動に集まる
寄付金はその非営利団体に入り、あなたは
その団体の財務制度を通じて費用を支払う
ことになる。小切手で寄付したい人たちも、団体宛に小切手を切ること
になる。多額の資金を扱うつもりなら、とても役に立つ方法。

**あなた自身が非営利
団体を組織する！**

この方法を選ぶなら、164ページの「501（C）
（3）団体って何？」を手引きにしてみて。

電子決済はどう？

多くの人が、電子決済で支払うのを好むようになっている（というか、
現金を持ち歩かなくなっている）。つまり、電子決済で手軽に支払えれば、
もっと多くの人が寄付してくれるはず。対応しているアプリはいろいろ
あるけれど、口座がなければ受け取りも出金もできない。だから、実際
に使うまでお金を置いておくためにも、銀行口座が必要になる。

所得から控除できる寄付って？

おそらく、法律関係で尋ねられる一番ややこしい質問は、あなたの運
動への寄付金や寄贈品が、所得控除の対象になるかどうかについてだ。
手短に言えば、答えはノー。ただし、あなたが寄付金控除を受けられる

＊5-2　日本の場合、持参人払式小切手であれば、銀行の窓口で換金できる

非営利団体と連携して活動している場合や、あなたの組織がそういう団体に認定されている場合は別だ(＊5-3)。

　すでに非営利団体と連携しているなら、その非営利団体への寄付が所得控除の対象になる可能性は高い。一般には、寄付してもらった非営利団体は領収書を書き、寄付した人はその領収書を確定申告で提出する。

　あなた自身が非営利団体を組織する手もある。非営利団体の設立は、いろいろな手続きが必要になる複雑な作業だけれど、叶わないわけではない。メリットとデメリットを比較してみよう。あなたの運動が小規模で、募金額も少なければ、寄付金を所得から控除できるかどうかは、寄付する人にとってたぶん大きな問題ではない。でもあなたの夢が大きければ、どうすれば自分の組織を非営利団体にできるかを学ぶのがベスト。

超簡単、格安、(ほとんど)手間いらずの 資金集めのアイディア

　準備も全部できたことだし、いよいよ資金集めを開始しよう！　ややこしいというイメージは要らない。特に、集めたい金額が少ない(1000ドル未満)ときは簡単。でも次に挙げるアイディアのなかには、もっと高額の資金集めにも使える方法がある。資金集めを始めるための、簡単かつ効果的な方法を紹介する。

＊5-3　日本の場合、個人が認定NPO法人等に対して寄付金を支出した場合、支払った年分の所得控除として寄附金控除の適用を受けるか、または所定の算式で計算した金額(その年分の所得税額の25パーセント相当額を限度とする)について税額控除の適用を受けるか、いずれか有利な方を選択することができる

501(C)(3) 団体って何？
（設立した方がいいの？）

あなたの組織が501(C)(3)団体（＊5-4）の認定を受けるには、組織が、「宗教、教育、慈善、科学、文学、公共の安全のための検査、国内外のアマチュアスポーツ振興、児童・動物虐待防止」のいずれかに寄与し、社会に利益をもたらしていると認められる必要がある。一般の人が501（C）(3)団体に寄付すると、その金額が所得から控除されるので、大勢の人が寄付してくれる可能性がある。また、補助金の交付、大量の手紙を送る際の割引、といった特権も手に入る。でも一方で、組織を州のものにしなければならないし（結果として、組織はあなたや他のメンバーから独立した存在となる）、国税庁に申請料を払い、何かと多くの書類を書くことになる。そして、利益を出してはいけなくなり（当然だけど）、政治活動には関われなくなる（候補者の推薦や献金はだめ）。さらに、あなたの税金や申請書類に関する情報は、公式にアクセス可能な状態になる。

予算が少なく、寄付のほとんどが数百ドル以内なら、認定で得られるメリットよりも面倒の方が大きいかもしれない。反対に、予算が豊富にあって、組織にしっかりとした体制と社会的な責任を持たせたいと考えているなら、検討してみる価値はある。501(C)(3)団体に関する州ごとの情報を探すには、grantspace.orgを見るといい。

楽しいゲーム

必要な時間：少ない

必要な人数： 1 〜 3 人

適した用途：タイムリミット寸前の資金集め。目標金額100ドル以下。

　特別なイベントを開くときや、人がたくさんやって来る場所（学校や礼拝所）なら、ゲームはとても効果がある。大勢の人に、少額の寄付金と引き換えにプレーしてもらうのがカギ。競争心にうまく訴えれば、参加者は自然と財布を開いてくれる。たとえば、こんなゲームはどう？(＊5-5)

数あてゲーム　キャンデー、缶バッジ、ビー玉など、何でもいいから小さな品物を選び、ビンいっぱいに詰める。近くに小さい紙片の束を用意しておく。参加者たちにビンの中の品物の数を予想してもらい、寄付金と引き換えに、予想した数を紙に書いてもらう（1ドルごとに1枚書ける）。必ず名前と電話番号を書いてもらうこと（正解者に連絡できるように）。正解者には現金10ドルとか、地元のカフェやレストランの商品券といった賞品を進呈する。

　自分の運動に合うように調整して、さらにおもしろいゲームにしてみよう。あなたが、年齢にふさわしい総合的な性教育を推進しているなら、ビンのなかにはコンドームを入れる。動物の保護施設に贈る寄付金を集

＊5-4　適用される米国税法の項目番号に由来する名称。日本では、特定非営利活動法人（NPO法人）制度がこれに相当する

＊5-5　日本の場合、集まった寄付金が全額活動資金となるものは認められるが、それ以外は注意が必要

めているなら、犬用のビスケットを入れる。あたり前だけれど、ビンから目を離してはいけない。誰もが立ち寄れる場所を使うなら、1日中そばを離れないようにする。

フィフティー・フィフティーラッフル

超簡単で安上がり！　期間限定で（1週間とか、イベント中の数時間とか）、値段を決めて**くじ**を売る。たくさん買ってもらうために、割引価格を設定しておく——1枚1ドルのところ、3枚なら2ドル、10枚なら5ドルという具合に。買えば買うほど、当選する可能性は高まる。たくさん買ってもらうほど、多くのお金が集まる！　くじには1枚ずつ、買った人の名前と電話番号を書いてもらう。期間が終了したら、当選者を選ぶ。当選者は集まったお金の50パーセントを受け取り、あなたは残りの50パーセントを収益金とする。みんなが勝者！（ヒント：パーティーストアやオンラインストアで、あらかじめ数字を印刷したロール状のくじを売っているので、それを買ってもいい）

ペニーウォーズ

競争心を刺激するこのゲームは、たいした準備をしなくても（先延ばしの名人にぴったり）、学校など、チームを作りやすい場所で資金を集めるときに何より効果的（クラスや学年をチームにして競わせるとか）。チームごとに空きボトルを1本準備して飾りをつけ（ソフトドリンクのボトルをきれいに洗って上端をカットすると使いやすい）、それを目立つ場所に置く。各チームは決められた一定の時間、小銭をビンに投げ入れて競争する。一番多く入ったチームが、ギフトカードやピザパーティー招待券などの賞品、そしてもちろん、勝利を自慢する権利をゲットする。競争を盛り上げるには、チームごとの勝敗を毎回表に記入して順位をつけ、

みんなが見られるようにしておく。

ソーシャルな募金活動

必要な時間：中程度（週末の1〜2日ぐらい）

必要な人数：1〜3人

適した用途：1回限りの少額寄付金集め。目標金額1000ドル以下

　ソーシャルな募金活動、つまり仲間同士での募金活動は、Kickstarter
やGoFundMeのようなサイトを使ったオンラインのクラウドファン
ディング（＊5-6）がとても人気になったのをきっかけに、大きな注目を浴
びている（オンラインのクラウドファンディングを成功させる方法につ
いては、171ページを参照）。とはいえ、インターネット以前の時代でも、
活動家たちは友人、家族、遠方の知人に電話をかけて寄付を頼み、驚く
ほどの成果をあげていた。ここでは、効果が実証されている昔ながらの
ソーシャルな募金活動を紹介する。

　支持者、友人、家族に頼んで、あなたの運動に寄付を依頼する手紙を、
少なくとも1人10通、手書きで書いてもらい、それぞれの知人に送っ
てもらう。手紙を書く人には、あなたの運動に関する情報とメッセージ、
運動が重要な理由をきちんと伝えよう。もしも余分にお金を出せるなら、
切手のついたあなた宛ての返信用封筒を同封してもらい、受け取った人
が送金できるようにする（＊5-7）。

＊5-6　不特定多数の人の寄与によって必要なサービスなどを手に入れる方法

＊5-7　日本では郵便法第17条により、普通郵便で現金を送ることはできないため書留郵便を利用する

第 5 章　女子の革命のための資金集め

特別な日
誕生日や祭日に、プレゼントではなく運動への寄付をお願いする。その日の意味に合わせて、募金をあなたに関係したものにしよう。たとえば、あなたの15歳の誕生日が5月30日なら、15歳の15ドル、誕生月の5ドル、または日付の30ドルをお願いする（Facebookの募金機能を使えば、とても簡単にできる）。

エアイベント
時間と手間のかかる募金イベントを計画する代わりに、「イベントをしない」募金イベントの招待状を出す——たとえば、パーティーに出る代わりに寄付してくれるように頼む。エアティーパーティーということにして、招待状にティーバッグをひとつ入れるとか、安くて郵送しやすいパーティー用の小物を同封する。そうすれば、受け取った人は喜ぶし、うまくいけば返事と一緒に寄付金を送ってくれる。なぜって、外出して何かをするよりも家にいたいと思うことは、誰にでもあるから。

作る、働く、売る

必要な時間：中程度〜多い（準備に1〜2週間、実際の販売に1日）

必要な人数：3人以上

適した用途：グループでの活動。目標金額100ドル以下

　オフラインのソーシャルな募金活動のようなもの。ものを売るのは、手軽でシンプルで楽しく、確実な資金集めだ。集まったお金の使い道を必ず看板に書いておく——買いに来た人があなたの運動に共感してくれれば、もっとたくさん寄付してくれるかもしれない！　チラシや署名用紙があれば、それも見えるところに出しておく。

-168-

お菓子バザー	お菓子を作る。テーブルを並べて看板を出し、お菓子を売る！　完了！

ヤードセール・ ガレージセール	友だち、家族、支持者に、まだ使えそうな中古の品物を寄付してもらい、それを売って現金に変える。近所にチラシを貼り、オンラインの掲示板に

メッセージを投稿し、近所のバーゲン好きがもれなくセールに気づくようにする——社会をよくするためのイベントだと伝えるのを忘れずに！

リボンセール・ 缶バッジセール	あなたの運動に賛同していることを示す缶バッジ（手作りでもいいし、地元の店やオンラインショップで大量購入してもいい）や、アウェアネ

ス・リボン（＊5-8）（簡単に作れる。リボンを切って安全ピンをつければできあがり）を用意する。この缶バッジやリボンを1個1〜2ドルで売る。

洗車場	地元の企業、教会、団体など、駐車場があって水道が使える場所を洗車場にする——理想を言えば、食料品店やショッピングモールなど、大勢の人が来る場所がいい。も

ちろん、施設を使う許可をもらわないといけない。親や家族の友人のなかに、声をかけられそうな会社の経営者がいないか探してみよう。何かのクラブやボランティアのグループと一緒に活動するのも、とても有益な（そして楽しい）方法だ。グループをチームに分けて、一方のチームには道端で看板を掲げてドライバーを誘導してもらい、もう一方のチーム

＊5-8　社会運動に参加していることを示すリボン

第 5 章　女子の革命のための資金集め

には車を洗って資金を集めてもらう。

パンケーキ、スパゲッティ、アイスクリーム

資金集めで、いつだって頼りになるのが食べもの。だから、食べものの効果をイベント全体に拡大する。食事会を開く場所を見つけて（教会の地下室、手ごろな料金のロッジやホール、またはあなたの家）、大勢の人を招待する（出欠の返事を必ずもらい、どれくらいの量を準備すればいいか把握しよう！）。1皿ごとに5ドルから10ドルの寄付をお願いして（寄付額が、材料費をカバーして収益を得られるように考える）、あなた自身の手で食べものを準備して運ぶ。朝食のパンケーキ、夕食のスパゲッティ、お手製のサンデーなどが、ポピュラーでお金のかからないメニュー。

スタート資金を集める

たいていの資金集めイベントでは、資金集めに必要なものを買うお金がいくらか必要になる。どうやって用意する？　ほとんどの場合、最初に必要になるのは、25ドルから50ドル程度。しかも、自分が持っているものや、友人、仲間から借りられるものを使えば、節約できる。とはいえ、最初の25ドルをどこで手に入れたらいい？

◆両親、または協力してくれる大人たちに、必ず返すと約束して、短期間だけお金を貸してもらえるかどうか考えてみる

-170-

◆ 活動に参加してくれるメンバーに、費用として1人5ドル寄付してくれないかと頼む

◆ どこかの企業に必要なものを寄付してもらえないか、調べる

◆ 貯金箱を割って取り出したお金を使い、資金集めが軌道に乗ったところで自分に返済する

クラウドファンディングのキャンペーン

必要な時間：中程度〜多い（キャンペーンの準備に1週間ほどと、実際のキャンペーンの日数）

必要な人数：2人以上（あなたがインターネットにとても詳しいなら1人でいいかも）

適した用途：少額から中程度の1回限りの寄付。広い地域からの寄付を募る。目標金額1000ドル以上

クラウドファンディングでは、インターネットの力を使って少額のお金を多くの人から集める。Indiegogo、GoFundMe、CrowdRise などのサイトが、よく使われる。では、始めてみよう！

ページを作る　クラウドファンディングは、あなたの理念に注目を集める最高の機会になる（インターネットはあらゆるものを共有する一番簡単なツールだから）。クラウドファンディングのページには、あなたを支援するには、お金の寄付以外にも方法があると書いておこう。ボランティアに参加したり、品物

-171-

第5章　女子の革命のための資金集め

を寄付したり、オンラインの署名をしたり、あなたのグループに加わるなどの方法だ。読んだ人は、寄付はできないとしても、あなたのしていることを少しは知ってくれて、ひょっとしたら行動を起こしてくれるかもしれない。

**人を引きつける
ストーリーを語る**

第4章で学んだテクニックを利用して、あなたの運動への寄付がなぜ大切なのかを伝える。個人の体験に基づくストーリーと事実が、大勢の人とあなたの運動を結びつけ、みんなが（バーチャルな）財布の口を開いてくれる。

**視覚効果を
活用する**

運動を象徴する画像や動画を少なくともひとつは載せる。たとえそれが、電話で運動の重要性を話すあなたを映しただけの動画でも。文字だけでは重苦しい壁ができて、寄付しようとした人に、あなたの活動は見えにくいと思われるかもしれない。画像や動画があれば、あなたの主張をより早く理解してもらえ、続きを読もうと思うはず。できるだけいい照明で撮影し、音質もクリアになるように注意する（外づけマイクを使う）。

**寄付のレベルに応じた
報酬を用意する**

報酬があると、人は少し多めに寄付してくれる。実体のあるものや高価なものでなくてもいい。ソーシャルメディアに感謝の言葉を投稿したり、手書きのお礼状を出したり、個人的な短い動画を作ったり、スカイプで話をしたりするようにしよう。誰しも、寄付したお金が特定の具体的な目的で使われているかどうかを知りたいので、できるだけ詳しく知らせる。移民に英語を教える地元の非営利団体のために寄

-172-

付を集めるのなら、寄付してくれた人には、10ドルで1冊の新しいノートが生徒に支給されることを伝える。

まず友人とフォロワーに依頼する

魅力的な資金集めのページが完成したら、それを世界に広めていこう。お金を出してと頼むのは気が引けるかもしれないが、忘れないで――あなたの運動は支えてもらう価値がある！　ページへのリンクを、友人やフォロワーにソーシャルメディアで送ろう。Eメールやショートメール、その他のメッセージツールを使う。すぐには寄付できないという人がいたら、その人のネットワークであなたの呼びかけをシェアしてもらう。ひとつひとつのシェアが、寄付してくれそうな人のところへあなたのメッセージを届けてくれる。

高めの目標を設定する

自分を過小評価して目標を下げすぎるのはよくない。予算をもとに、適切な最小募金額を決める。そして、自分の活動について説明するときは、最小額より少し高い目標を伝える。収益となるお金で何をするつもりかを説明すること。200枚のTシャツを買うのに2000ドルを集めたければ、それより高めの2500ドルを目標にして、うまく集まったら缶バッジマシンと材料も買って、運動を宣伝する缶バッジを500個作ることにする。

細かい部分まで読む

クラウドファンディングサイトには、それぞれ異なる利用ルールがある。ほとんどのサイトは、オンライン募金の処理と、寄付募集ページ掲示の費用として、集まったお金の一部を徴収する。なかには、目標金額を達成した場合のみ、集まった募金を渡してくれるサイトもある。また、決め

られた種類の計画や運動でなければ使えないサイトもある。ほとんどの
サイトは、確認可能な当座預金口座と身分証明書がない限り、寄付金を
渡してくれない（だから、銀行口座を開けない場合、開きたくない場合
は、この方法はうまくいかないかもしれない）。利用するクラウドファン
ディングの手数料やルールがどうなっているかを、始める前に理解して
おこう。

お金にこだわらない……ものを手に入れる！

お金がすばらしいのは柔軟に使えるから——さまざまな品物でもプロ
のサービスでも、お金は何にでも変えられる。でも、たとえお金が集ま
らなくても、方法は他にもある。プロの活動家（アクティビスト）が「現物寄付」と呼ぶ、も
のを集める方法だ。現物とは、現金ではない商品やサービスを意味して
いる。お金ではなくものを集める活動ではあるけれど、こういう活動も
資金集めの一環となる。

募集活動

寄付の品物を入れる箱をあちこちの目立つ場所に置いて、寄付してほし
しい品物の種類と、品物の使い道を伝える看板を設置する。寄付しても
らったものは、非営利団体や慈善団体に送られ、受け取った団体の手で
それを必要としている人に配布される。募集活動は簡単に計画できるし、
品物を誰よりも必要としている人の手に直接送り届けられるので、とて
も効果的だ。

非営利団体や慈善団体のために募集活動をするなら、あなたが集める
品物をその団体が本当に必要としているのか、**毎回必ず確認する**。なか

-174-

には寄付品が多すぎて、一定の品物しか受け取れない団体もある。寄付で集まった不要な缶詰、シャンプー、コートを整理するために、団体のメンバーが余計な時間を費やすとしたら、労力の無駄でしかない。

選んだ非営利団体が本当に品物を必要としているとわかったら、こんなものを募集するといい。

◆ 地元のホームレスシェルターですごす人のための、新品、あるいはまだきれいな中古のコート

◆ 地元のフードバンクに寄付する缶詰食品

◆ 10代の親を支援する運動で配る、ベビーウェアやベビー用品

◆ 劣悪な環境で生理を迎える女性に配るナプキンやタンポン（ホームレス施設、避難所、難民キャンプ、女性刑務所）

◆ 病院のER（緊急治療室）を受診した性的暴行経験者に渡す洗面用具

◆ 貧困生活にある子どもや家庭に贈るクリスマスプレゼント

◆ 恵まれない子どもたちが使うペン、ノート、リュックサックなど、新学期の学用品

◆ 動物保護施設で使う古いタオルと毛布

募集活動は、認知度を高める目的で、より大きな活動の一環として行ってもいい。たとえば、10歳のアマリアナ・「マリ」・コペニー（愛称、リトル・ミス・フリント）は、ミシガン州フリントの水道水汚染問題について世間に注目してもらうため、非営利団体のパック・ユア・バッグと手を結んで寄付を募り、1万ドル以上に相当するリュックサックや学用品を集めてフリントの生徒たちに贈った。

第 5 章　女子の革命のための資金集め

サービスや商品を寄付してもらう

　活動や運動で使う商品、サービスを現物寄付してもらうこともできる。それによって、効果的に地元企業との結びつきを作ることもできる。企業のオーナーに声をかけるなら、電話をかけたり、手紙を書いたり、直接訪問したりするのがいい。企業を訪ねるときは、寄付の依頼と活動の内容を説明した手紙（手紙を求める経営者もいる）を持っていくと効果的──つかつかと入ってきて面と向かって寄付を求める女子を無視するのは、とてもむずかしい！　自分の足で訪問すれば、問題と真剣に向き合っているのが伝わるはず。手に入りそうな現物寄付の例を挙げる。

- ◆ レストランや食料品店に寄付してもらう、イベントやミーティング用の食品
- ◆ プロによる写真やビデオの撮影サービス
- ◆ Webデザインやグラフィックデザイン
- ◆ ラジオやテレビの無料広告
- ◆ プラカード、チラシ、横断幕の製作に使うツールや印刷サービス
- ◆ 事務用品や工作用のツール
- ◆ ミーティングやイベントを開く会場（カフェ、レクリエーションセンター、礼拝所）
- ◆ もらいもの（試供品やペンなど、無料のもの）

助成金、給付金と主な資金源

　助成金は返済する必要のない支給金——いわゆる「無償給付の現金」だ！ 個人が自発的に支払う寄付とは違って、助成金は通常、一定の期間（一年、四半期など）ごとに支給され、申請手続きを「勝ち抜いた」団体や運動にのみ与えられる（そこに落とし穴があるって、もうわかった？）。けれども、この「甘いジュース」は、絞り出す価値がある。助成金の支給額には幅があり、最小で500ドル、最大では50万ドル以上にもなる！

　じゃあ、どうやって手に入れる？　まずは申し込まないと。必要な申請書類はいろいろあるけれど、一般には目的を明らかにして予算を提示し、お金の使い方を詳しく示すことなどが求められる。クラウドファンディングのための上手な文章と、大学で提出する上できの小論文が組合わさったみたいなものだと考えればいい。助成金申請書の書き方にはコツがあって、さまざまな本やオンラインのサイトにアドバイスが載っている。

　説得力のある言葉と情景が目に浮かぶような描写で、あなたのストーリーを伝えるように心がけて（復習のために第4章を見てみよう）。そのストーリーが、助成金や資金の提供者とあなたのつながりを深めてくれる——そして、最終的には「無償給付の現金」を獲得させてくれる！

助成金を探して申請書を書く

　助成金の申し込みは、寄付以外に活動資金を得る方法のひとつ。もちろん、絶対に申し込まないといけないわけじゃないし、かなりの時間もかかる。でもやってみるのなら、運動プランとメッセージングに費やした努力が、助成金の申請書を書くのにも役立ってくれるはず。

第 5 章　女子の革命のための資金集め

　ほとんどの助成金は、特定の社会変化に関心を持つ個人や団体が資金提供するので、通常は、限られた種類の社会活動にだけ交付される。フェミニスト運動や、社会的弱者のコミュニティーのために交付される助成金を見つけるのは、簡単ではないかもしれない。そこで、まずは助成金を探す方法から始めよう。

**地域から
スタートする**　　インターネットの検索ページを開いて、「助成金」＋「あなたが住んでいる場所」を打ち込み、何が出てくるかを見てみる。どんな人が出資者なのか、その人たちがどんな活動にお金を出してきたのかを知ろう。

**全国データベース
を検索する**　　「ファンデーションセンター」は、受給可能な助成金の全国データベースとして最も人気があり、広く利用されている。アクセスには有料の契約が必要だが、多くの公共図書館で、ファンデーションセンターのオンライン助成金目録に無料でアクセスできる。地元の図書館員に尋ねてみよう（＊5-9）。

**社会正義のための
助成金を探す**　　科学研究や福祉活動に比べれば、フェミニスト運動に特化して資金を提供しようという団体は少ない──でも、だからこそ助成金探しが楽になる面もある。そういう狙いが定まっている助成団体は、伝統的な団体に比べて小規模で、より一層、草の根的な考えに根差している傾向がある。助成額は少なめだが──何十万ドルではなく数千ドル程度──時間をかけて探す価値は絶対にある。Third Wave Fund のようなフェミニスト財団の助成金や、抵抗運動のための助成金など、社会正義を実現す

-178-

る助成金を探してみる。「フェミニスト　助成金」や「社会正義　助成金」などのキーワードを使い、Googleで検索してみよう。

徹底的に調査する　申請が認められそうな助成金がいくつか見つかったら、より深く調べる。助成金が非営利団体から支給されるのなら、その団体の詳しい財務状況やその他の情報は、GuideStar（guidestar.org）で調べられる（＊5-10）。団体のウェブサイトやソーシャルメディアのアカウントを閲覧し、スタッフや、団体に関するニュースのリンクに注目する。そしてさらに深く追求する。団体はどんな種類の運動にお金を払ってきたか？　それがわかれば、その団体があなたの運動にぴったり合うかどうかを見極めやすくなり、団体との関係を作りあげるうえで有利なスタートを切れるはず。

ルールを守る　私は、ルールを完璧に守れと言うタイプじゃないけれど、これに関しては言う。**ルールは完璧に守ろう。** 助成団体が、まず手紙（クエリレターという）を送ってほしいと言うのなら、そうする。何らかの書類をオンラインか郵送で提出してほしいと言うのなら、その通りにする。先方は膨大な数の申請

＊5-9　日本の助成金データベースは下記を参考に。
セイシン総研（https://seisin-soken.com/『国』『都道府県』の助成金・補助金一覧/）、公益財団法人助成財団センター（http://www.jfc.or.jp/grant-search/guide/）、ミラサポ（https://map.mirasapo.jp/search/）
＊5-10　日本のNPO法人の財務状況、その他の情報は次のサイトを参照。内閣府NPOホームページ（https://www.npo-homepage.go.jp/）、NPO見える化ナビ（https://npovis.info/）

第 5 章　女子の革命のための資金集め

書を受け取っているので、申請を通すには激しい競争に勝たないといけない。ルールを無視したら、あなたの申請書は直ちに「廃棄処分」の山へ送られる。

「報告」の義務を軽く見ない

助成金が交付されると、通常は、それがどう使われ、何を達成したのかを報告するように求められる。経過を追うべき情報がとても多いと感じるかもしれないが、**無償給付の現金と引き換えに求められている**ことを忘れないで。活動の進み具合について報告を求められたら、その通りにするのが他ならぬあなたの義務。もしも活動が大成功したら、助成金を増額してもらったり、次年度も交付してもらったりできるもかしれない。

覚えておいてほしいこと

1 現金の収支に絶えず注意する

予算を立てる腕前に自信がないのなら、資金集めを始める前に、帳簿のつけ方をもう少し勉強する。親や保護者は予算の立て方を教えてくれるかな？ コツを教えてくれそうな会計士の知り合いはいない？ 大まかな基本を簡単に説明してくれるように頼もう。

2 寄付を集めるならクリエイティブになる

寄付はお金でなくても構わないと覚えておく。近くにある企業、宗教のコミュニティー、財団法人などで、あなたの運動に快く寄付してくれそうなのはどこだろう？ 団体ごとに寄付してほしい品物やサービスを書いたリストを作る。それから、大人の協力者と一緒に、企業のオーナーや団体のリーダーにアプローチして寄付を求める戦略を立てる。

3 資金集めを楽しむ！

お金を集めるのは大事だけれど、過程を楽しむのも忘れないで。あなたの取り組みをサポートして、いざというときに助けてくれる強力なチームを作りあげる。新しいことを学ぶたびに、自分がこの世で見たいと思う変化に、自分自身が一歩ずつ近づく（よく言われる言葉だけど本当の話！）。

第 6 章

グループの力とメンバーの結集

恐るべき政治状況のなかで、
私たちは結集すべきだと声をあげるのは、
「空は青い」とか、「太陽は熱い」とか、
「気候変動は世界を破滅させる」とか
言うのと同じ。あまりにも当然の話だ。
協力して取り組むことは、
運動を組織したり、
活動にかかわったりするのには絶対欠かせない。
自分だけの活動もいいけれど、
1人がいいわけじゃないし、
1人の方がうまくいくわけでもない。
ここからはグループを組織する方法、
ボランティアを集める方法、
運動を支えてくれる大人と連携する方法
について考えていく。

組織をまとめよう！

◆

あたしたちはみんなおなじ空の下にいて、
おなじ地球のうえををを歩いているんだもの。
同じ瞬間を一緒に生きているんだもの。

マキシーン・ホン・キングストン
中国系アメリカ人作家──『チャイナタウンの女武者』より

◆

人生と同じで、社会を変える運動に取り組む場合も、他の人との協力は絶対に欠かせません。前のページの文章は、1976年に出版されたマキシーン・ホン・キングストンのデビュー作で自伝でもある『チャイナタウンの女武者』からの引用で、登場する女性の1人が、つらい問題を抱えるもう1人の女性に語る言葉です。この言葉は普遍主義を表してもいると、私は思います——普遍主義とは、たとえこの世界が多少混乱していても、私たちがこの世界に一緒に生きていることを尊重しようという考え方です。

　今、あなたのグループはメンバーが1人だけ、つまり、あなただけかもしれません。ひょっとするとあなたは、どうすれば自分の運動に他の人を引き込めるかという問題で、参っているのじゃないかしら。でも、すべてを自分1人でやろうとすると、もっと気が滅入るかもしれません。だから、他の人にサポートしてもらう方がいいと思うの。

　第2章では、あなたの運動プランに参加してくれる人を何人か見つけて、グループでゴールを目指す方法について検討しました。今度はもう少し掘り下げて、グループがあなたの運動にパワーを与えるのはなぜか、仲間を見つけて運動に参加してもらうには何をすればいいか、グループがメンバー全員にとって有意義な存在となるためにはどうすればいいか、について考えましょう。

1人から大勢へ：共同リーダーシップ方式

　大学時代、私が参加していた学内のフェミニストグループは、チームで共同リーダーシップを執っていた——常に2人か3人がチームになって指揮を執る運営方式だ。権力が複数の人に分散され、おかげでより多

くのメンバーがグループの組織作りと運営について発言できた。意思決定の仕組みも公平で、他のメンバーに相談せずに重大な決定を下すことは誰にもできなかった。

この方式に落とし穴がないわけじゃない。共同リーダーの1人が、他のリーダーたちより多く仕事をする羽目になることがある。そんなときは、よく話し合って、仕事を公平に分担する方法を見つけないといけない。でも、多少の欠点はあるとはいえ、この方式は驚くほどの効果がある——人手が多ければ、1人でこなすよりも確実に早く、多くの仕事を成し遂げられる。

リーダーシップ方式にはあとふたつ、**階層方式**（1人がリーダー、それ以外がサブリーダーなど）と、**分散方式**（誰もリーダーにしない）がある。どの方式を選ぶにせよ、グループをひとつにまとめて問題に取り組むのが、ゴール達成に向けた定石だ。人数が多いなら、1人で何もかも決める必要はない。信頼できる仲間と意見を交換してアイディアを出し合う作業が、何よりの助けとなる。

グループに自然と生まれる人間関係のパワフルなエネルギーも、あなたにメリットをもたらす。同じ目標を持ち、活動家（アクティビスト）としてのあなたの仕事を本当に「理解」し、大変な仕事を心から手伝いたいと思う人たちと、一緒にいられるから。

人手はどれくらい必要？

リーダーのチームを作るメリットに納得したところで、ちょっと確認しておこう。通りがかりの人を引っ張り込んだり、ソーシャルメディアで熱心にリクルート活動をしたりする前に、どんなタイプの（そして何人の）共同リーダーがあなたに最適かを知る必要がある。自分自身にきいてみよう。

◆ どんなリーダーシップ方式がいいと思う？

◆ 私だけがリーダーになる？　それとも、別の人と、または何人かのチームと、リーダーシップを共有するべき？

◆ リーダーシップにレベルを作る？

　グループが自然にできあがるのなら、それはとてもすばらしい。抗議行動を通じてできる場合もあれば、一緒に登校していることや、Facebookで大成功したキャンペーンがきっかけになる場合もある。ふっと現れた即席グループ！　そんなスタートから、あなたとグループのメンバーが、それぞれリーダーチームの中で果たしたい役割を見つけていってもいい。

　でも、具体的な目標を持つ組織をゼロから作りあげるつもりなら、人を集める**前**に、リーダーグループ像をはっきりと描いておいた方がいい。グループの目標と各自の役割がはっきりしている方が、参加しやすいはず。共同リーダーについて検討するなら、次の点について考える。

◆ リーダーグループはどれくらいの規模にするか

◆ リーダーたちが果たすべき個々の役割は何か

◆ リーダーグループに何をしてもらいたいか

◆ リーダーグループに役立つのは、どんな技術や専門知識か

◆ どんな仕事を助けてもらいたいか

◆ あなたのグループがさまざまな人種、民族、LGBTの人たちで構成され、その他の社会的に立場の弱い人の声も反映するには、どうすればいいか

第 6 章　グループの力とメンバーの結集

助けを求める

　リーダーの役割を引き受けてもらうには、その人がどんな長所と関心を持っているかを理解したうえで、1 対 1 で話すのがいい。友人や学校の先生、クラブ活動のメンバー、クラスメートと話してみよう──誰だって、得意なことをやってほしいと頼まれたらうれしくなる。自分の能力が認められたわけだから。「資金担当マネージャー」とか、それらしい肩書きをつけるのも悪くない！

　仮に、1 人も候補が思い浮かばなくても心配しないで。心から熱意を持ってあなたの運動に協力してくれる人がいないか、いつも目を光らせておく。参加したいという人に会って話すときは、あなたが望むリーダーチームを心に描いておこう。

リーダー VS ボランティア

まず初めに、はっきりさせなきゃならないことがある。あなたにとって本当に必要なのは、**リーダーグループ**？　それとも**ボランティア**？

活動プランができあがっていて、作業を仕上げるための人手（プラカードを作ったり、一度きりのイベントに参加してもらったり、電話をかけてもらったり）が何人かほしいだけなら、あなたに必要なのはボランティア。でも、複数の活動を展開したり、多くの人や作業を管理したり、時間も手間もかかる戦術を計画したりするのなら、おそらくあなたには共同リーダーが必要。あなたの身体と脳は、同時に別々の場所には存在できな

-188-

いから。

魔法みたいな解決策はないし、ちょうどいいバランスを見つけるには、試行錯誤が必要かもしれない。まずは少人数のリーダーチームから始めて、活動や戦術の幅が広がってきたら、新しい役割を作っていこう。

参加者をどうやって探す？

メンバー集めの第一歩は、参加説明会の開催——これなら、プレッシャーを感じずに立ち寄ってもらい、あなたの運動について知ってもらえる。まずは宣伝しよう。学校にポスターを貼り、ソーシャルメディアに投稿し、近所一帯にチラシを配る。隣の席のクラスメートや、クラブのチームメートを招待する。広い範囲に呼びかけよう！

参加説明会の目標は、グループに加入してもらい、次回の企画ミーティングに参加してもらうこと。興味を持った人にもう一度来てもらうには、会場で受付用紙に記入してもらって情報を集め、その場で次回のミーティングの日時を知らせるのが一番いい。具体的に頼むほど、参加してもらいやすくなり、依頼に応じてくれる可能性が高まるのを忘れないで。

リーダーの役割分担は未定だけれど、トップレベルで助けてくれる人を探すなら、参加説明会を利用して、必要とする能力を持ち、重要な役割を積極的に引き受けてくれそうな人を探す。その人と個別に話して、期待する役割を果たしてくれるかどうかを判断する。聞いてみなきゃ何もわからない！　次のページのチェックリストを見て、最初の参加説明会を準備するヒントにしよう。

参加説明会のチェックリスト

- ☑ 足を運びやすい場所で開く（公共交通機関や車で行きやすい、障がいのある人や移動手段が限られる人でも行ける）

- ☑ チラシや招待状に次の内容が書いてある

  - ☑ 理念に関する情報、および認知度を高め、説得し、動員するメッセージング（簡潔に）
  - ☑ 日時、場所
  - ☑ 担当者（おそらくあなた）
  - ☑ 連絡先（あなたの連絡先。あるいは活動専用のEメールアカウントを作る）

- ☑ 軽食（チラシや投稿で食べものが出ると宣伝する──みんな無料の食べものが大好き！）

- ☑ ネームプレートとマーカー（安いシールタイプが最適）

- ☑ 議題一覧（説明会用に印刷する、またはホワイトボードやスクリーンに掲示する）

- ☑ 印刷物、情報（あなたの理念に関するもの──パンフレット、記事、動画など）

- ☑ 受付用紙と加入届け（参加者全員のEメールアドレスと電話番号をまとめて、説明会後に連絡が取れるようにする）

- ☑ 次回ミーティングの日程（日時を知らせて、次回も出席してくれるようにお願いする）

協力したい人が多すぎたらどうする？

そんな問題が起きたら最高！ とはいえ、問題には違いない。何百人もを、有意義な形で運動に引き入れるのは簡単じゃない。それに、ボランティアはあなたの運動に**ワクワク**しているだけかもしれない——本当に何かを**したい**と思っているとは限らない。運動プランを練りあげたり、抗議や座り込みの準備をしたりといった、比較的地味な仕事は特にそう。

協力したい人は多いのに、グループの中心的な役割を果たしたい人はいない場合——あなたの周りに集まってくれたのは、共同リーダーのグループではなくボランティア部隊。やったじゃない！ その人たちに気持ちよく働いてもらって、お菓子や飲みものでもてなせば、いざというときには存分に力になってもらえる。理想を言うなら、共同リーダーたちの助けもほしいけれど。

でも……実は大きな注意点がある。ボランティアには意思決定の権限を与えてはならないし、集めてから各自に役割を考えるのもいけない。自分が何を必要としているかをあらかじめ正直に伝え、その仕事ができる人を募集するのがいい。ボランティアは自分の仕事が評価されないと不満に思うし、任せてもらえる仕事がなければ、それも不満につながる。

また、ボランティアがやがてリーダーになる可能性もある。なかには意欲の高い人もいるので、そういう人を見逃さないようにする。未来のリーダー候補は、常に自分から声をあげ、おもしろくない仕事でも進んでする。そしてあなたと共通の考えを持ち、ちょっとした作業でも心から楽しんで取り組んでいるように見える。

最後に——誰しも、熱心でテキパキしているタイプに引き寄せられるもの。だから、あなたのグループの中核メンバーがみんな似たようなタ

イプで、全体として多様性に欠けると感じたら、何歩か後ろに下がって、大切な人材に気がつかないまま見落としていないかを確認しよう。

誰も来てくれなかったら？

まったく問題ない——落ち込んじゃだめ！　そもそも、２人か３人来れば大成功！　少人数なら中身の濃いミーティングができるし、来てくれた人がどんな人で、なぜ来てくれたのかを聞く時間がたっぷりある。今必要なのは、組織作りと意思決定という重労働に取り組んでくれる、ほんのひと握りの人。熱意がなくてその気があるかどうかわからない20人よりも、やる気があってすぐに仕事を始めてくれそうな新メンバー２人の方が助かるかも。

グループに参加してくれる人が見つからなくても、運動を成功させられないわけじゃない。グループができればすばらしいけれど、協力や支援を得る方法は他にもある。もっと大きなグループにあなたの運動の共同スポンサーになってもらえないかと頼んでもいいし、近くで開催される大規模なイベントにあなたの運動を組み入れてもらうのもいい。

安心できる場所を作る

運動を「交差的」（交差については220ページ参照）に行うことは、私

たちが目指す集団的な解放運動にとってとても大切だ。相手のアイデンティティーや直面する問題を知らなければ、助けることなどできない。だから、グループの活動でミーティングや説明会を行うなら、誰でも足を運べる場所を慎重に選び、批判や圧力を怖がらずに本音で話せるようにしないといけない。

安心できるスペースを作る簡単なアイディア

　現実には、誰にとっても100パーセント安心できる場所は存在しない。でも、注意深く準備を進めれば、**安心感**の高い場所を作ることは可能だ。ポイントをいくつか挙げておく。

**立ち寄りやすい
ミーティング会場を選ぶ**　ここに書いた条件をすべて満たす場所はそうそうないと感じるかもしれないけれど、学校、礼拝所、ロッジ、レストラン、カフェ、レクリエーションセンターなどが、どの条件にも適う可能性が高い。

- ◆ 車椅子の利用者や長時間立っていられない人でも、確実に行けて快適にすごせる
- ◆ 身体のサイズにかかわらず快適に座れる座席がある（ひじ掛けのない椅子が理想）
- ◆ 車で来る人が多ければ、駐車場に近い場所でミーティングをできないか検討する
- ◆ バスや地下鉄で行ける場所を選ぶ。あるいは、送迎の車を用意したり、相乗りしたりできるようにして、チラシやポスターにそのことを書いておく

第 6 章　グループの力とメンバーの結集

◆ 母国語が異なる人を招くなら、通訳に来てもらう（普通はお
金がかかるので、予算に入れておく）

**ブレーンストーミングで
スタート**

初めにブレーンストーミングをしよう。
全員で、お互いを尊重するための基本
ルールを守りながら進める。ブレーンス
トーミングは、友好的な雰囲気を作り、あなたが目標を追求する価値観
をみんなが確実に共有できるようにしてくれる。次ページのテッパン標
準ルールを参考にしてほしい。ボーナスがある——このルールは、安心
できる場所を作るための優れたルールでもあり、運動とは関係ない場合
にも役立つ。

**本人が好む
代名詞で呼ぶ**

トランスジェンダー、ノンバイナリー・ジェンダー、
ジェンダー・ノンコンフォーミングの人たちに、歓
迎されていると感じてもらうひとつの方法。私の
場合は、自己紹介の前に代名詞について簡単に説明して例を挙げて（彼
女、彼、彼らなど）から、私の好みの代名詞をみんなに使ってもらうよ
うにする。何が何でもそうしてほしいわけではないことも、はっきりと
伝える。使ってもらいたい代名詞を人に言うのは気まずいという人もい
る。心の性を明かすのが安全かどうかわからない場合は、特にそう。強
制的では**ない**とわかってもらうには、代名詞を記したシールを受付テー
ブルに置いて自由に使えるようにする。または、ネームプレートに余白
を作って代名詞を知らせたい人が書き込めるようにする。

**プログレッシブ
スタックを使う**

スタックは、ミーティングなどで次に誰が話すか
を書いたリスト。**プログレッシブスタック**は、発

-194-

テッパン標準ルール

マイクは1本 話をするのは1人だけ。誰かが話している最中に、割り込んだり、関係のない雑談をしたりしない。

時間調節 参加者は、自分の発言がどの程度の時間と機会を使うかを理解して、積極的に発言したり、発言を控えたりしてバランスを取る。

偏見を自覚する 外見、発言内容、ふるまいに基づくステレオタイプで他人を判断しない。

自分の考えを話す 「私」を主語にして話し、他の人や集団、異なるアイデンティティーを持つ人を、十把一絡げにしない。

悪意はないと考える ふさわしくない単語、フレーズを使って発言や質問をする人がいても、悪意はなかったと考える。

注意を素直に受け止める 誰かの言葉が人を不快にさせたり不適切だったりしたら、やんわりと注意や訂正をして、それを素直に受け入れてもらう。

ちょっと！／しまった！ 傷つくことを誰かに言われたら、傷ついたと伝えるために「ちょっと！」と言う。発言をした側は、申し訳ないという気持ちを伝えるのに「しまった！」と答える。少なくとも問題発言が見過ごされずにすむし、うまくいけば、どこが問題かについて意見交換が始まる。

「ベガス」ルール 「ラスベガスで起きたことはラスベガスにとどまる」という諺のように、ミーティングで起きたことはミーティングの場にとどめる。個人の情報やストーリーは非公開にして、グループの外に出さない。誰かがLGBTQであるとか、社会的に立場が弱いとか、グループ外の人に知らせてはいけない。

言の機会が少ない人に優先的に発言してもらう手法。たとえば、何人か
が話したいと挙手した場合、進行係はまだ何も話していない人に発言を
求める。あるいは、多くの人がいっせいに手を挙げたら、進行係は社会
的に立場の弱い人から順に発言を求める。プログレッシブスタックを採
用すると必ず伝えて方法を説明し、発言の順番をどのように決めるのか
を参加者に理解してもらう。

グループマネジメントの初級講座：
有意義なミーティングを行う

おもしろくないミーティングに参加した経験はある？　あれはまるで、
永遠に続く授業みたいなもの。では、ミーティングを成功させるにはど
うすればいい？　退屈でつまらないミーティングじゃなく、やりがいが
あって集中できるとみんなが感じるミーティングにするには？　簡単に
言うと計画的で効率的なのが、いいミーティング——短時間で（1時間
程度）、効率的で（明確な目的と議題一覧）、現実的な成果（明確なゴール）
につながるミーティングにすればいい。

このセクションでは計画のヒントを紹介する。運動グループを新しく
立ちあげるにせよ、コミュニティーのメンバーを募って問題を話し合う
にせよ、コミュニティーの仲間と一緒に一大キャンペーンの戦略を立て
るにせよ、このヒントを参考にすればミーティングを大成功させられる。

ミーティングを楽しくする！

あなたのミーティングに**参加したい**って、大勢の人に思わせたい？
ミーティングを盛りあげて、誰にとっても価値のある時間にしよう。

-196-

参加者の心と胃袋を満たす

無料の食べものは人を引きつける——効果は抜群！食べものは自然と人を心地よくさせて、フレンドリーな雰囲気を作り出す。一緒に食事をすると、なぜかリラックスした気分になる。食べものは予算に入れるべき項目だけど（158ページ参照）、ミーティングの食べものを「持ち寄り」式にすれば、出費は抑えられる。しかも、参加者は自分も運動に貢献していると感じるので、二重にメリットがある。

とびきり超明快に

ミーティングの目的、検討する内容、参加してもらうのが大切な理由をはっきりさせておく。招待状、チラシ、Eメールの中にきちんと書いておくといい。ただし、やりすぎは禁物。小論文みたいになってはいけない。参加する気になりそうな内容を忘れずに入れておく。

和やかで落ち着いた雰囲気に

特に問題がなければ、ミーティングの初めに懇親の時間をとる。BGMを流し、話しやすいように座席を配置する。参加者がその場に慣れて知り合うには、とても効果的な方法。ただし時間はあらかじめ決めておき、余計な話はしたくないとみんなが思っていたら、早めに切りあげる。

アイスブレイクを成功させる

場が和むきっかけがあれば、参加者はリラックスしてミーティングに入れる。まじめな質問やユーモラスな質問をしてもいいし、ゲームや楽しい言葉遊びをするのもいい。

重宝するアイスブレイク

きっかけを作る質問の例を挙げる。私が組織作りのツールボックスに保管しているアイテムで、さまざまなタイプのグループで成果をあげている。

方向を定める質問

ミーティングの焦点をあなたが取り組む問題に向ける質問

◆ このミーティングに来ようと思ったのはなぜですか？

（参加説明会、コミュニティーのイベント、

プレゼンテーションで使うといい）

◆ このミーティングで何を得たいと思いますか？

◆ 10年後、○○（あなたが取り組む問題）が

どうなっていてほしいですか？

個人的で楽しい質問

友好的な雰囲気を生み、確実に笑いを誘う質問

◆ 子どもの頃、大人になったら何になりたいと思っていましたか？

◆ 子ども時代にお気に入りだったテレビ番組や映画は？

◆ レストランで料理を注文するとしたら、何を注文しますか？

その理由は？

◆ 好きな場所へ旅行できる懸賞に当たったら、

どこに行きたいですか？　その理由は？

ミーティング中の役割

ミーティングを成功させるには、各自が役割を持ったリーダーチームが必要。ミーティングの前に役を割り当ててもいいし、毎回ミーティングを始めるときに決めてもいい。最低でも次の役割が必要になる。

進行係｜ミーティングを仕切るボス。仕事としては、ミーティングを「管理」する、議題一覧(アジェンダ)を提示する、グループの活動と討論をリードする、全員が参加できるようにする、討論を促す、開会と閉会を宣言するなど。毎回担当を変えてもいいし、同じ人が受け持ってもいい。

筆記係｜書記の仕事をする係。メモ(議事録)を取り、ミーティング後に配布する。受付用紙を回して、今後のために連絡先をまとめる仕事もする。

できれば、次の役割はグループの中心的なメンバーに割り当てるといい。

計時係(タイムキーパー)｜タイムトラベラーみたいだけれど違う。タイムキーパーだけが持つ絶対的パワーで、絶えず時計に目をやり、進行係が順調にミーティングを進められるように手伝う。ひとつの議題に割り当てた時間が残り少なくなったら、進行係に知らせて、進行係がその議題を終わらせて次へ進めるようにする。

表記係｜必要なときだけ割り当てる任意の役割。筆記係とは違い、ミーティングの合間に、ビジュアル的な表示をリアルタイムで描く。たとえば、グループの勢力図についてブレーンストーミング

-199-

第 6 章　グループの力とメンバーの結集

をしていたら、表記係は話し合いの最中に内容をビジュアル化してホワイトボードに描いていく。表記係は、進行係がミーティングの進行に集中できるようにする。

最高の議題一覧（アジェンダ）を作る

議題一覧（アジェンダ）はミーティング中に話す議題のリストで、グループ全体で内容を決めないといけない。

ミーティングをするときは、議題一覧（アジェンダ）を作り、前もって配布する。メンバーから議題を出してもらってもいいし、ミーティング中に全員の意見を聞いて同意を得る「同意に基づく議題一覧（アジェンダ）」を作ってもいい。どちらの方法を採るにしても、次の項目が入っているかどうかを確認しよう。

◆ 各議題で話すべき人の名前

◆ 各議題の検討に必要な、無理のない長さの時間（通常 5 ～ 10 分が適切）

◆ すべての議題にかかる時間を合計したミーティング全体の時間

ミーティングは 1 時間で終わるようにする。少しでも長びくと、休憩や軽食がない限り、参加者は集中力をなくしてしまう。また、ミーティング後にするべき**宿題**は必ず記録しておく。筆記係が記録するだけでなく、実際にその仕事を行うメンバーもメモを取る。ミーティングの終わりには必ず時間を 5 分取って、

-200-

宿題を再確認し、次回のミーティングの日時を決める。そうすれば、グループは常に目標に集中して前進できる。

グループ全体の意思決定

ミーティングの参加者が互いを尊重してルールを守っていても、問題の取り組み方に関する考えが大きく異なる場合もある。速やかに判断すべき議題で意見が食い違ったら、それぞれの意見について深く討論せずに、グループとして決定を下すしかないかもしれない。だとすれば、グループ全体の意思決定の方法を、あらかじめ決めておいた方がいい。

活動家（アクティビスト）のグループで有効に使える、意思決定のシステムを挙げる。

合意 実行する活動の内容に全員が同意しなければならない。合意にたどり着くまで話し合いを続ける。理想的な方法だけど、いつも合意できるとは限らないので、一部を変更したバージョンもある。ひとつはU－1（unanimous minus one〈満場一致マイナス1〉）で、メンバーのなかに最大1人の不賛成者がいる状態なら、合意が形成されたとみなす。

投票 多くのグループは**定足数**──投票に最低限必要なメンバーの数──を決めている。一般には、投票権を持つメンバーの約半数が定足数となる。また、意思決定のために最低限必要な賛成票の数も──3分の2、過半数など──任意に決められる。影響が重大で長引きそうな問題を投票で決めるなら、メンバーのうち、少なくとも3分の2の賛成票がほしい。投票は、公開方式で挙手してもいいし、匿名方式で紙に記入したものを数えてもいい。

第 6 章　グループの力とメンバーの結集

参加型　決定の影響を、グループの一部のメンバーが特に強く受ける場合は、この方法が便利。たとえば、ジェンダーフリートイレがない事務所へ移転するかどうかを決める場合、その結果は、意見や関心がない人よりも、ジェンダーフリートイレを望む人に大きな影響を与える。したがって、方針を決定する際は、結果に影響を受ける人だけが意思決定のプロセスに参加できる。

意見の不一致に対処する

いつでも何でもかんでも賛成ばかりはしていられない。それで構わない。意見の不一致は健全だ！　そもそも、不一致を避けようにも、何をやってもみんなの気持ちを損ねそうで、もうムリって思うかもしれない。だから、前もって計画を立てることがとても大事。議論になったら、標準ルールに戻ろう（195ページ）。互いを尊重し、「私」を主語にして1人ずつ順に話し、守秘義務を守り、相手を傷つける発言には「ちょっと！」と「しまった！」で対応する。このルールに従えば、参加者はミーティングがコントロールされていると感じるはず。

議論が白熱しすぎたら、休憩を取って新鮮な空気を吸い、水を飲んだり何かを食べたりしよう。完全に落ち着いたら、改めて問題に戻る。長時間のミーティングは人をイライラさせるだけ！　意見の違いが大きい場合は、別のミーティングを開くことにして、それぞれの意見について話し合う時間を充分に取ろう。

ボランティアを支える

　ボランティアの人たちがあなたの運動に時間を割いてくれるのは、運動の理念を大切に思うから。だから、ボランティアにずっといてほしいのなら、その人たちを尊重し、親しくなる必要がある。無償の労働は贈り物——感謝を忘れないで！

　コミュニティーに欠かせない要素のひとつは、人間関係を築くこと。ボランティアとの関係も例外ではない。活動家の仕事で対価を得ていなければ、あなた自身もボランティア。共同リーダーや中核チームもボランティア。あなたには補助的なボランティアもいるかもしれない。Eメールリストに名前がある人、集会やイベントに参加してくれる人、運動のために何か特別な仕事をしてくれる人などだ。そういうボランティアの人たちも、あなたが管理し、指示を出し、支えていかなければならない。顔ぶれは、キャンペーンごと、イベントごと、資金集めごとに違うかもしれないが、それでもあなたにはその人たちの支えが必要で、その人たちにはあなたの支えが必要だ。

　熱意があって献身的なボランティアとうまくつき合うための、基本的なヒントを挙げる。

正直にはっきりと　やってもらいたい仕事をはっきり言わなければ、ボランティアはあっさりと逃げていく。（「ちょっと、ほら、手伝ってちょうだい」なんて頼み方じゃ、やる気は出ない）。ボランティアの仕事は、前もって詳しく説明しておくことが大切。特別な技能や経験が必要な仕事、時間や労力が要る仕事なら、なおさらそうだ。自問して確認しよう。

-203-

第 6 章　グループの力とメンバーの結集

◆ ボランティアにしてもらうのは、具体的にどんなこと？
◆ 仕事にかかる時間はどれくらい（１時間／１日／１週間／１年）？
◆ ボランティアが仕事について報告するのは誰（あなたでないとしたら）？
◆ ボランティアは１人で仕事をする？　他の人たちと一緒？

どんな仕事も重要な仕事にする

電話をかけたりコンピューターの表にデータを入力したりする作業は、つまらないと感じるかもしれない。でも、あなたたちの時間と努力が、ゴールの達成に大いに役立っているとボランティアに伝えよう。手助けがほしいからって、「データ入力を手伝って！」なんて言わないで──それじゃまるで宿題をさせるみたい。「LGBT 差別の根絶を手伝って！」と言おう。なぜなら、それがあなたの最終的な目標だから（データ入力はそのひとつの過程）。作業内容は正直に言わないといけないけれど、それを大きなゴールに結びつけて言葉に表し、ボランティアが高い意欲を保てるようにしよう。

参加の動機をつくる

ボランティアにやる気を出してもらうのに、多額の報酬を用意する必要はない。お金がたっぷりあるなら、それは最高！　Ｔシャツでも缶バッジでも何でも買っちゃおう！　でも、人を集めるためなら、お金がかからない方法、安上がりな方法がいくつもある。ソーシャルメディアでボランティアの活躍を知ってもらったり、大学入学や就職で使

う推薦状を書いたり、ボランティアの仕事を学校が求める地域奉仕活動に認定してもらうために署名したりする（通常は、成人が1人必要）。それから、やっぱり無料の食べ物。食べ物はホントに役に立つ！

コミュニティーケアの時間を取る

ボランティアは、大きな運動の一部を担っていると実感したがっている。そして、同じ考えを持つ人たちと一緒にいたいと思っている。仕事が1日限りの電話作戦であれ、長期にわたる作業であれ、ボランティアたちがお互いに知り合うための時間を取ろう。お茶を飲んだり、おやつを食べたりする時間を設けて、みんなが交流できるようにする。参加説明会では、楽しく場を和ませ、緊張をほぐすようにする（198ページ参照）。1人で仕事をしたり、自分の家で作業をしたりするボランティアがいたら、必要に応じて懇親会を開き、ボランティア同士の交流の場にしよう。Facebook、Slack、WhatsApp、Discordなどのメッセージアプリでグループを作り、ボランティアがオンラインで集まってコミュニケーションを取れるようにするのもいい。コミュニティーのなかにいる感覚は、柔らかくて暖かい幸福感をもたらし、支えられ、つながっているという気持ちになってもらえる！

ありがとうを言う

ボランティアが何よりも必要としているのは、必要とされ、感謝されている実感、自分が役に立つ大事な仕事をしているという実感だ。仕事をしてもらっている間は一緒に時間をすごし、何度も、何度でも感謝の言葉を伝えよう（ありがとうは何回言われてもじゃまにならない）。ボランティアには、あなたの運動の最新情報を定期的に伝える。仕事がひと区切りついたら、お礼の言葉を言う——ボランティアの人数がとても多

いならEメールを、心からの感謝を伝えたいなら手書きの葉書を（すてきなカードで）送る。グループ内に相手を尊重する文化を作れば、ボランティアは何度でも喜んで参加しようと思ってくれる！

親や保護者と話をする

　親や保護者との関係は人によって違う。とても仲がいい人もいれば、何年も口をきいていない人もいる。同居していることもあれば、別々に暮らしていることもある。社会運動についての意見が一致しているかもしれないし、政治に関して正反対の立場かもしれない。

　家族の関係はこのうえなく複雑で、あなたと家族との関係は、世界にひとつしかない。このセクションは、支えてくれる親や保護者がいるのなら、かなり有効に活用できるはず。たとえそうでなくても、前進と成功のために必要な、大人からの支援を手に入れるヒントになる。

運動への参加を親に認めてもらう

　私が社会運動に足を踏み入れたとき、両親は少しおもしろがっていた——この子のフェミニズムはどういうもので、どこから始まったの？という感じ。でも、私はラッキーだ——両親はいつも協力的で、私がすることを誇りに思ってくれた。私の活動を、いつも完全に理解していたわけではないけれど。両親と私の意見は、いつもぴったりと一致していたわけじゃない。激しく対立したことも何度かある。

　あなたと親の関係が良好なら、何をしているのか全部話そう！　いつかは必ず、何かを企んでいると気づかれてしまうから、隠し事はしないで。うまくいけば、親はあなたの取り組みを誇らしく思い、100パーセン

ト協力してくれる。正直に、オープンにするのが、協力してもらうための最初の大きな一歩だ。

では、あまり協力的でない親や保護者に女子の抵抗運動を認めてもらうにはどうすればいい？　第5章で考えた、説得力があるメッセージングと認知度を高めるメッセージングを覚えている？　そう、あの知識がここでも役に立つ！　メッセージトライアングルを利用して！　会話を始める前に、何を言いたいのかを考えておく。

あなたは大都市で行われるデモ行進に参加したいとする。親か保護者の許可をもらわなくちゃいけない。許可をもらうにはこうしよう。

1 信頼を得る｜隠しごとをしない、誰とどこに行くかをきちんと伝えると約束する。うそを言わず、本当のことを話す。

2 なぜ自分にとって大事なのかを説明する｜認知度を高めるメッセージングと説得するメッセージングを使って、この問題がどれほど重要か、なぜ行動を起こしたいと強く思うかをはっきりと伝える。

3 詳しい計画を知らせる｜親や保護者はいろいろと質問するはず。あなたの運動プランを見せよう（見せられるものがあれば）。どんな手段で集会の場所に行くのか、どこに泊まるのか、どうやって自分の権利と安全を守るのか、誰が主催しているのか、どこへ行くのかを説明する。

第6章　グループの力とメンバーの結集

4 相手の立場に立つ

分別を持って話す。冷静な態度で非難しない。自分のことが心配で、危険な目にあわせたくないと思っているのはわかると伝える。そのうえで、簡単に賛成できないかもしれないけれど、自分を信頼してもらいたいと説得する。

◆ **教えてくれた価値観を思い出してもらう**——親や保護者は、あなたに正しいことを示す最初のコンパスだった。正義のために立ちあがり、強く賢くなり、他人を気遣うように教えたのは彼らだ。彼らがずっとあなたに教えてきた理想や道徳、倫理を、思い出してもらおう

◆ **反対意見に備える**——親たちの不安を打ち消すために、よく練った説得力のある反論をあらかじめ用意しておく

◆ **必要なら妥協する**——納得してもらえないなら、他の選択肢を考える。親や保護者も一緒に集会に参加できないかな？　何時間かごとに電話することにしたら？　デモから早めに帰るようにしたら？

親や保護者が絶対に賛成してくれなかったらどうする？

　この質問に答えるのは簡単じゃないけれど、ここでは本当のことを言わなきゃならない。こういうことはよくある。だから、自分だけがこんな目にあってるなんて思ってはだめ。不愉快でイライラさせられる状況でも、おそらく誰よりもあなたにとって必要で、頼るべき人たちとの関係を壊さずに、どうしてもやるべきだと心から感じることを実行するにはどうすればいいのかを考えるべき。

　こういう場合にも、これまで検討してきた戦略を利用できる——あら

-208-

かじめ準備して、運動が大切な理由を示して説得する――あなたが愛情と信頼に満ちた関係で親や保護者と結ばれているのなら、何もかも認められるわけではないとわかり合ったうえで、彼らの理解を得るところまで行き着けるかもしれない。自分の期待を修正し、それで納得する必要もあるかもしれない。

　親が考えを変えてくれる可能性も少しはあるけれど、おそらく、あなたの考えをすぐには「理解」してくれないのが現実。親自身が、何年かけて今信じている考えを学んで身につけてきたかを考えてみて。信じてきたことは、一瞬では捨てられない。一年かけても無理かもしれない。でもひょっとしたら、あなたを理解して支えてくれる方向へ少しずつ進む可能性だってある。なぜなら、彼らはあなたを愛しているから。

　親はあなたに失望したり、怒ったりするかもしれない。そうなったときに何が起こるのか、私にはわからない。あなたと親との関係次第だ。つらいと思う。あなたは彼らを愛し、彼らは無条件にあなたを愛しているはずなのに。でも、健全で思いやりのある家族なら、たとえ信じることが違っていても、親は常に愛情から行動する。私はそう理解するようになった。そうは思えないかもしれないけれど、本当のこと。

　だからといって、いつも親に従うべきだとも言えない。そんなことをしても、いい方向には進まない。でも自分に正直でいれば、あなたの仕事はいずれ価値のあるものになる。この本をここまで読んでくれたのだから、あなたはもう、自分がどんな人間で何を信じているのかよくわかっているはず。あなたは、別の誰かにはなれない。

　家の外へ出て運動に関わるのが許されないのなら、自分なりのやり方で、個人的に取り組む方法もある。オンラインでグループに参加する、オンラインでグループを立ち上げる、スマートフォンやタブレットで行動を始める。何かを書いて個人で公開したり、オンラインのサイトに

第 6 章　グループの力とメンバーの結集

投稿したりするのもいい。リアルあるいはバーチャルの友人たちと、ありのままの自分でいられて、自分にとって一番大切な問題を話せる支援ネットワークを作ろう。

大人の相談相手を他に見つける

　もしかすると、あなたは親や保護者のいない人生を生きているかもしれない。そういう状況は本当にありふれている。National Network for Youth（若者のための全国ネットワーク）によれば、毎年200万人以上、一晩あたりではおよそ4万6千人の若者が、居場所となる家がないまま暮らしている。アメリカ合衆国では、都市部の黒人、地方の先住民、さまざまな場所のLGBTQの人は、ホームレスとなる可能性が特に高い。

　親や保護者との関係がよくない若者たちもいる。このような若者は不健全な家庭環境から脱け出し、「法的に独立した未成年者」になれる（*6-1）。仮にあなたが家族のサポートを得られないとしても、支えてくれる大人がいないまま一生をすごす運命だと思ってはいけない。支えとなる人を見つけられそうな場所を挙げておく。

助言者や大人の支援者を見つけられる場所

学校：教師、コーチ、カウンセラー、助言者
他の10代の活動家（アクティビスト）グループ：同年代や大人の相談相手、組織のなかのパートナー
フェミニストの非営利団体やグループ：フェミニストの相談相手、運動のパートナー

> **大学のクラブや学部：**若い活動家^{アクティビスト}、運動のパートナー
>
> **礼拝所：**大人の相談相手、運動のパートナー

　支援してくれそうな大人に声をかけるときは、次の点を頭に入れておく。

◆ 協力をお願いするので、中身をはっきりさせておく。

　相談相手や大人の支援者が必要なのはなぜ？

　助成金申請など、18歳以上でないとかかわれない問題に取り組むための助けが必要？

　その人との関係を通じて何を得たいと思う？　一般的な指導や知識？　車で送迎してもらうというような具体的なこと？

　あなたが相手にしてあげられることは何？　どうやって感謝を伝え、お返しをする？　それは相手の支援に充分釣り合う？

◆ 相手の時間を尊重する。たぶんあなたと同じように、彼らもメチャクチャ忙しい。だからコミュニケーションは手際よくこなし、やると言った仕事はきちんと実行して、パートナーシップを有効に働かせる

◆ もしも何かを台なしにしてしまったら、自分が責任をとる。相手に尻拭いをさせてはいけない。協力してもらうのは、あ

＊6-1　日本では、未成年の子の利益のために、親権喪失、親権停止の制度がある

-211-

なたが先頭に立っている仕事だから！

　私の場合、相談相手との関係は、パートナーシップのように双方向で働きかけると最高にうまくいった。私は相手から学び、導いてもらうだけでなく、文化や世代を超えて情報を共有し、交換し合いたいと思う。

　もともと男子の方が、世界への扉を開き、仕事を後押しし、機会あるごとにアドバイスを与えてくれる相談相手に恵まれてきた。女子は、お互いに助言と支えの手を差し出し合い、相互に利益をもたらす関係を育て、みんなで前進しなければならない。だから、あなたより若い人がアドバイスやサポートを求めてきたら、助けてあげて！　フェミニストにはしっかりと人を支えて相談に乗る気質が備わっている――それが運動そのものでもある。

覚えておいてほしいこと

1 具体的に指示し、支援して、ボランティアの作業を助ける

作業内容と割り当てを書いたリストを作り、どれくらいの時間を割いてもらう必要があるかを必ず伝える。そして彼らのケアを忘れない——食べもの！　Tシャツ！　友だち作り！

2 いいリーダーは計画的かつ柔軟で、人への共感を忘れない

ルールの草案を書いて、その案をはっきりとボランティアたちに伝える。メンバー全員を大事にして、安全を守る総合的な方針を立てれば、みんなが温かく迎えられ、尊重され、変化を起こす力を与えられていると感じるようになる。

3 自分の運動について親、保護者、大人に知らせ、互いの価値観と取り組みを結びつけ彼らの信頼を得る

あなたは自分の運動を重要だと考えている。あなたのまわりの人たちにも、その運動が重要だと考えてもらおう。あなたの運動は、他人を尊重し、気遣う生き方に根差していて、その考え方は彼らから教わった。オープンで誠実な話し合いの場を設け、お互いの考えや不安に耳を傾け、尊重する機会を作ろう。

第7章

声をあげる、支持する

活動とは、公正と平等をめざす努力。
私たちは活動家として、
受容と公平と愛とパワーで
不公正や不平等と戦う。
活動のなかで、私たちは自分とは異なる人たち
——立場の弱い人たち、
社会の隅っこに追いやられている人たち、
大切に扱ってもらえない人たちと交流する。
その人たちにどう敬意を示し、
耳を貸し、力を貸すか——
つまりどう支援するか——を学ぶことが活動の要。
私たちのパワーで公正を求め、
過ちを正し、愛を妨げるものを倒すのが活動。

さあ、始めよう！

◆

必要なのは、

愛のないパワーは無謀で乱用され、

パワーのない愛は感傷的で無力だ

という認識です。

最善のパワーとは……

公正の要求を実践する愛、

最善の公正とは

愛に反するすべてのものを正す愛なのです。

マーティン・ルーサー・キング・ジュニア

牧師、博士、黒人の公民権運動指導者

◆

活動

家は「愛」について多く語ります。愛を支持する、愛で闘う、愛の味方につくなどとよく言います。活動とは、人種差別、その他の差別、憎悪、貧困など、「愛に反する」ことをすべて正し、修正し、取り除く努力です。どれもが、他人を生まれながらの特性によって区別し、不当に扱った結果です。

変化を起こすための活動に取りかかるとき、私がたびたび思い返すのは、前のページに記したキング牧師の言葉、1967年に行われた演説、「Where Do We Go from Here（私たちはこれからどこへ行くのか）」の一節です。その意味を少し考えてみましょう。

初めの文は、思いやりや共感のない愛は独裁であるという意味です。それでは、公正や根本的変化は生まれません。でも、私にとってより重要な意味があるのは、むしろふたつ目の文です。キング博士は、ただお互いに愛するだけでは足りないと、私たちに呼びかけています——私たちは心の強さと行動の強さで自分たちの言葉と感情を後押ししなければならないのです。

誰もが何らかの部分で虐げられ、多くの人は虐げられる一方で特権も得ています。だから、自分の活動について掘り下げる前に、まず自分自身について掘り下げ、自分は何者か、世の中を動かす権力と特権のシステムにどう収まっているのかを理解するべきでしょう。

この章では、文化的アイデンティティー、インターセクショナリティー（交差）、社会的弱者の支援といった鍵となる用語と概念を分析し、そういう言葉がなぜフェミニストの活動にとって極めて重要かを示します。できる限り最強の支援者になるための、アイディア、ヒント、ガイドラインがきっと手に入るでしょう。

-217-

第7章　声をあげる、支持する

~~~~~~

鍵 と な る 活 動 の 用 語

　第1章で「権力の働き」──つまり、肩書が持つ力がどう作用して不公平なシステムを生み出すか、について説明したのを覚えている？　幼い女の子やスーツ姿の男性の絵を見ながら、世の中には、誰が力を持つかについて、社会にしみついて当然のこととされている考え方があるのを検証したよね。そして、草の根の組織は、個人の力を生かしながらその力を集団の力に変え、そういう考え方に抵抗していることも学習した。

　ここからは、社会に数ある問題や自分の日々の活動について語るために必要な語彙を、頭に入れていこう。

特権 | 特定の集団に属しているとか、特別な身分にあるとかいう理由で、人が持っている優位性や権利。

抑圧 | 特定の集団に属しているとか、特別な身分にあるとかいう理由で、人が経験する不利益。

あなたにとってどんな意味がある？　ひとりの活動家（アクティビスト）として、自分が他の人と比べて特権を得ている部分、抑圧を経験する部分を知っておく。229ページの特権チェックリストを参考にしてみて。

平等 | すべての人が同じように扱われる状態、あるいはそういう考え方。

公平 | 1人1人が公正に扱われる状態、あるいはそういう考え方。

-218-

あなたにとってどんな意味がある？　このふたつの言葉は区別なく使われるけれど、まったく同じ意味ではない。社会正義研修所の共同創設者、ヴァーノン・ウォールは、両者の違いをこう説明している。「平等とは、すべての人に1足ずつ靴を与えること。公平とは、1人1人に合う靴を与えること」。公平は、あるグループに「より多く」与えることになるかもしれないけれど、その人たちが根深い偏見や長きにわたる不利益を克服するためには、そうすることが必要。

多様性	違いを認め称えること。
受容	人はみな同じではないと理解し、認めること。

あなたにとってどんな意味がある？　多様性とは、異なる経歴、視点、能力を持つさまざまな人を自分の活動に迎え入れること。受容とは、ほんのわずかな意思決定でもじっくりと考えて行い、運動に参加してくれる人は誰でも歓迎し、どんな人でも立ち寄れるようにベストを尽くすこと。

言葉を実行に移す

ミーティングを開くのに、みんなが集まる場所が必要になったとする。あなたの親友が、自宅のリビングルームを使ってもいいと言ってくれた。でも彼女の家は、公共交通機関の沿線ではない——車がなければ行きにくい。それに彼女の家は、エレベーターのない建物の2階にある——車椅子を利用する人は参

-219-

第 7 章　声をあげる、支持する

加できないに等しい。しかも彼女の家には、決まった大きさの椅子しかない——さまざまな体格の人が心地よくすごすのはむずかしい。あなたは、その友人の家のリビングルームを会合場所に選んだら、いったいどれだけの人を締め出してしまうかと思案する。そこで、他にいい場所はないかと考え、学校の講堂や図書室の方が快適で行きやすいと気づく。これこそが受容！

| インターセクショナリティー | 抑圧や差別は常に交差していて、制度上、多層的で同時的な抑圧と差別を生むという理論。 |

あなたにとってどんな意味があるか？　複雑なテーマなので、言葉の成り立ちから、かみ砕いて説明しよう。インターセクショナリティーは、法学者のキンバール・ウィリアムズ・クレンシャーが1989年に初めて唱えたフェミニスト理論。クレンシャーは「Demarginalizing the Intersection of Race and Sex（人種差別と性差別が交差する社会の弱者を本流に組み入れる）」という論文で、1800年代の黒人フェミニストの考え——人種と性別を分けて考えることはできない、自分たちは人種による抑圧と性別による抑圧を同時に受けている、という多くの黒人女性による主張——を基に理論を展開した。黒人女性たちは、人種を考慮に入れないフェミニズムは、自分たちが受けている多層的な抑圧について考察しておらず、黒人を見捨てていると感じていた。

言いかえれば、不平等や不公正は、人種差別、性差別、階級差別、障がい者差別、同性愛嫌悪、トランスジェンダー嫌悪、その他の差別、ヘイトなどの交差から生まれる。それぞれの差別が抑圧のシステムの中で絡み

合っていて、ひとつひとつ切り離すことはできない。だから、ひとつの集団の体験についてさまざまな角度から分析しない活動は、正確にはその集団を代表する活動だと言えない。

　変化を求めて運動するには、優れた活動家^{アクティビスト}やフェミニストになるには、自分自身の特権を知り、その特権のせいで自分の運動が誰かを抑圧したり排除したりする可能性について考えないといけない。インターセクショナリティーを理解した活動とは、特権に気づいて公平を目指すことだ。

言葉を実行に移す

インターセクショナリティーについて知ると、ある問題に関するあなたの運動が他の多くの問題とどのように、どんな理由でかかわっているかがわかりやすくなる。たとえば、ダコタ・アクセス・パイプラインのプロジェクトに対する、スタンディングロック・スー族保留地の先住民の抗議がそうだ。これは、環境問題——パイプラインから原油が漏れ出て水資源が汚染される可能性がある——であるだけでなく、精神と文化の問題——開発業者は先住民にとって神聖な土地にパイプラインを建設している——でもある。自分自身に尋ねてみよう。

◆ 私の理念は、私自身のインターセクショナリティーにどう影響する？

◆ 私と異なるアイデンティティーの人には、どんな影響がある？

第7章　声をあげる、支持する

◆ 私の理念が直接影響を与えるのはどんな人たち？

◆ 私がその人たちの声に耳を傾けていると、どうすればわかっ
てもらえる？

ポリティカル・コレクトネスですませないで

言葉は力だ。話し方や呼びかけ方次第で、人に力を与えることもあれば、奪うこともある。言葉は、私たちが人々を敬い、理解しているかどうかを示す。だからこそ、自分とは異なるアイデンティティーの人について学ぶことが大切。

現実には、完全な平等なんてない。でも、現状をはっきりと示し、変化を起こさなければならない。受容とは、ただの丁寧、あるいは「ポリティカル・コレクトネス」ではなく、それぞれの人を作りあげている本質を尊敬すること。社会的に立場の弱い人たちは抑圧されがちだと認識し、社会のなかにその人たちの居場所を作るため、私たちの力を使うことでもある。

下記に説明するさまざまなアイデンティティーを理解すれば、活動のかじ取りもきっと成功する。

社会的弱者のアイデンティティー
ミニ用語集

このリストは、決して完全じゃないけれど、手初めに使うのにはぴったり。誰しもアイデンティティーがひとつだけとは限らないし、ひとつのアイデンティティーのなかにさらに特殊なカテゴリーが含まれていることが多いのを頭に入れておいてほしい。よく知らないアイデンティティーがあったら、ネットで検索してみよう。

人種、民族、文化によるアイデンティティー

黒人 アフリカ出身者、またはアフリカ出身者の子孫。「黒人
(Black)」というふうに大文字で始まることが多く、黒人は
他の民族グループと同等であり、黒は単に肌の色を表しているのではな
いと示す。過去に奴隷として強制的にアメリカに連れてこられたため、
アメリカの黒人の多くは、祖先の出身国や出自を知らず（白人の場合は、
ルーツをたどると、多くがイタリア、ドイツ、イギリスなど、ヨーロッパ
の特定の国に行き着く）、広くアフリカ大陸の出身という意味で、「アフ
リカ系アメリカ人」という言葉を用いる。

ヒスパニック スペイン語圏の中南米の国々の出身者やその子孫。
ヒスパニックは、ラティーナ、ラティーノ、ラティ
ンクスとしてのアイデンティティーを併せ持つ場合もある。

**ラティーナ／
ラティーノ** 中南米の国々をルーツとする人々。ラティーナは女
性、ラティーノは男性。

ラティンクス 中南米の国々をルーツとする人々の、ジェンダーを
区別しない呼び方。クィアやトランスジェンダーの
コミュニティーから生まれた。現在では、多様な状況に対応できる言葉
として、広く使われている。

**ネイティブ・アメリカン／
アメリカン・インディアン／
ファースト・ネーション** 南北アメリカ大陸の先住民。国、部
族、州、民族などで形成される、複
雑なアイデンティティーを持つ。

第 7 章 声をあげる、支持する

アジア人 | アジア（世界最大で最も人口の多い大陸）の出身者やその子孫。日本、インド、タイ、スリランカ、朝鮮半島などにルーツを持つ人々。

パシフィック・アイランダー | ハワイ州、グアム、サモアなど、太平洋の島々の出身者、またはその子孫。

ピープル・オブ・カラー | 人種や民族性によって社会的弱者となっているすべての人を指す総称。文化や個々のアイデンティティーよりも肌の色に重きを置く言葉だという批判がある。POCと省略される。

民族と文化を指す略語

AMEMSA | Arab（アラブ）、Middle Eastern（中東）、Muslim（イスラム教徒）、South Asian（南アジア）の略。民族、文化、宗教はさまざまでも、同じような差別や抑圧を経験している人たちをひとつにまとめる場合に使われる。

API | Asian Pacific Islander（アジア太平洋諸島の人々）の略。APA（アジア太平洋諸島出身アメリカ人）という略語や、両者を組み合わせた言葉もよく使われる。東アジア、東南アジア、インド亜大陸、太平洋諸島出身者を指す。民族差別を受けるその人たちが、一緒になって運動することもある。

-224-

性的指向によるアイデンティティー

アセクシュアル
（無性愛者）
他者に対して恋愛感情や性的欲求を抱かない人。さまざまなタイプのアセクシュアルに対応する幅広い言葉。

バイセクシュアル
複数のジェンダーに恋愛感情を持つ人。狭い意味では「男性にも女性にも」心を惹かれる人を指す。大多数のバイセクシュアルは、さまざまなジェンダーの人とのデートに抵抗がない。

ゲイ
異性に関心を持たない人を幅広く指す言葉として使われることもあるが、主として、男性に恋愛感情を持つ男性を指す。

レズビアン
女性に恋愛感情を持つ女性。

パンセクシュアル
すべてのジェンダーに恋愛感情を持つ人。

クィア
異性に恋愛感情を持たない人すべてを指す言葉でもあり、「ストレートでない」性的指向の人を指す言葉でもあるが、本人の主張によって定義される。

第7章　声をあげる、支持する

ジェンダーによるアイデンティティー

アジェンダー　｜　ジェンダーによるアイデンティティーがなく、自分がジェンダースペクトラムのどこかに位置するとは認識しない人。ノンバイナリー・ジェンダー、またはトランスジェンダーであると自認する人もいる。

バイジェンダー　｜　男、女に限らず、あらゆるジェンダーのなかで、ふたつのジェンダーを持つ人。ノンバイナリー・ジェンダー、またはトランスジェンダーであると自認する人もいる。

シスジェンダー　｜　生まれたときに割り当てられた身体的性別と自分の性自認が一致している人。シスジェンダーは社会的弱者とは言えない——むしろ特権にあたる——けれども、いずれにしても知っておくべき大切な言葉。

ノンバイナリー・ジェンダー　｜　バイナリー・ジェンダー（男か女のどちらか）ではない人で、トランスジェンダーと自認する人もいる。バイナリー・ジェンダーではないさまざまな人を指す、幅広い言葉。

トランスジェンダー　｜　生まれたときに割り当てられた身体的性別と自分の性自認が一致しない人。シスジェンダー以外の人を幅広く指す言葉として使われることもある。

-226-

障がいによるアイデンティティー

ニューロ・ダイバース（神経学的に多様な）／
ニューロ・ダイバージェント（神経発達の多様な） | 自閉症スペクトラム、識字障がい、注意欠
如・多動性障がい、トゥレット症候群など、非定型発達症候群の人たち
が自ら使う言葉。

**アイデンティティー・
ファースト** | 自尊心のよりどころとして自分は障がい者
だと自認する人に関する理論、言葉。この
人たちにとって、障がいは自己アイデンティティーの中心にある。「障が
い者」という言葉を使い、そう認識する。

**ピープル・
ファースト** | 自分は第一に1人の人間であり、障がいがあると自認
する人に関する理論、言葉。障がいがその人を定義す
るのではない。「障がいがある人」、「車椅子を使う人」などと言う。多く
の活動家（アクティビスト）は、障がいのある本人がアイデンティティー・ファーストの言
葉を好む場合を除き、ピープル・ファーストの言葉を使う。

自分がダメになる前に、自分にダメ出し

　特権に気づくことが大切だとわかったところで、さあ、あなたはどう
する？　自分に特権があると気づかなければ、自分の特権を生かすのも
殺すのもむずかしい。自分にとって、自分の生活にとって、あたり前だ
と思っていること——肌の色、体格、社会階級など——が、実は特権だ
とはなかなか気づかないかもしれない。

第7章　声をあげる、支持する

　まずは、自分が**どのような**特権を持っているかを見極めないと。そうすれば、感受性と心の知能（活動にとってとても大切）を一層高めて、活動のかじ取りをしていける。手初めに、次ページの「特権チェックリスト」を試してみてほしい。「特権チェックリスト」を初めて作ったのは女性学者のペギー・マッキントッシュで、『ピース・アンド・フリーダム』誌1989年7/8月号で発表した「White Privilege : Unpacking the Invisible Knapsack（白人という特権：目に見えないナップサックの中身を出す）」という論文で用いた。マッキントッシュは、男性は性別による恩恵を受けていると気づきもせずに男であるという特権を使っていることについて考察し、自分も白人であるという生まれながらの特権で恩恵を被っているという結論に至った。

　以後、大勢の活動家（アクティビスト）が、障がいがないという特権、両性愛である特権、痩せている特権など、さまざまなトピックについて特権チェックリストを作ってきた。そういういチェックリストを使うと（インターネットで簡単に見つかる）、他の人がいかに抑圧されているかを目の当たりにできて、自分が特権でどんな恩恵を受けているかがわかる。

　自分に特権があるからといって、恥じる必要はない。特権があると気づくこと、活動のたびによく考えることが大切で、そうすれば無自覚に他人を傷つけたりはしない。

　ひとつのアイデンティティーで、特権と抑圧の両方を経験することもある。私の場合、自己アイデンティティーは、ボディ・ポジティブにとらえて、おデブ。当然、身体のサイズが原因で抑圧を経験するけれど、逆に特権もある。飛行機の座席にはちゃんと座れるし、ショッピングモールで自分にぴったりの服を買うこともできる。身体のサイズが理由で、愛されるタイプじゃないと見なされはしない。でも、ぽっちゃり型の人

特権チェックリスト

特権チェックリストは、他人との接続点を確認し、自分では普通だと思っている生活が誰にとっても普通だとは限らないと気づくのに役立つ。以下の状況について考えてみよう。どれが自分に当てはまり、どれが当てはまらない？　あなたはどんな特権を持っている？　あるいは持っていない？

- ☑ 自分の宗教の祝日を祝うのに、学校を休む必要はない。

- ☑ じろじろ見られずに公衆トイレを利用できる。

- ☑ 大学に進学する予定で、学費の一部、または全額を両親が出してくれる。

- ☑ 警官はいつも近くにいて、自分を守ってくれると感じる。

- ☑ Netflixを開けば、自分と共通するアイデンティティーや文化的背景の人を題材にした映画がいくらでも見つかる。

- ☑ バリアフリーの入り口があるかどうかにかかわらず、どんな店でもレストランでも劇場でも、行くことができる。

- ☑ 両親から小遣いをもらえる。

- ☑ ほとんどの有名店で、自分の身体に合う服が見つかる。

- ☑ 生まれてからずっと定期的に健康診断を受けているし、どこか悪いところがあればすぐに医者に行ける。

- ☑ からかわれたり脅されたりせずに、自分の宗教の服や装飾品を身につけられる。

☑ 夏には、仕事探しはせずに、外出したり泊りがけでキャンプにいったりして休暇を楽しむ。

☑ 学校のダンスパーティーに誰を誘おうと、からかわれたり、じろじろ見られたり、脅されたりしない。

のなかには、そういう不当な扱いを受ける人も実際にいる。

　自分自身の特権と抑圧の両方に取り組むのは、気分がいいものじゃない。でも、その不快な感覚が変化と成長を促してくれる。不快だからと言って取り組まなければ、学んだり他の人とつながったりする機会を逃してしまうかもしれない。そういう態度こそ、特権がある兆候だとも言える。困難で、極めて個人的で、内省的な取り組みをすれば、あなたの活動はもっともっと有意義になる。

マンスプレイニング

この言葉、聞いたことある？　簡単に説明すると、男性が女性に、女性が**とっくに**知っていることを**説明する**という意味。男性の特権がそのまま表れている現象で、男性は常に会話を独占すると解釈してもいい。男性は、自分たちは女性よりも賢く明瞭に話すと思い込んでいる。私たちの社会がそう思わせているのが、原因のひとつ。結果として、男性は会合でも女性を押しのけて話し、私たちが知っていることを見下すようにして教え、自分たちの経験や意見だけを重視する。

よき支援者となる

　この本は、どこを読んでも、あるひとつの鍵につながっている——ど
うやって支援者になるか。ここまでは、何が人を社会の弱者にするかに
ついて考え、そのうえで、人が社会の弱者になる理由はそれぞれ違うと
いう点についても理解を深めようとした。

　善意だけでは不充分だ。支援者にならなければ、運動の理念を貫くこ
とはできない。

　社会的弱者への支援は、支援者が正義をもたらす権力と愛を結びつ
けたとき、初めて有効になる。支援者の存在は運動にとってとても重要。
なぜなら、支援者は特権や権力を使って、自分たちには直接影響がない
さまざまな問題で困っている人たちを助けられるからだ。

　支援者は、直接影響を受ける弱者たちの声に自分たちの声を合わせ、
形勢を変えることができる。また、当事者でないからと関心を持たない
人の心を動かすこともできる。さらに、長い間運動を続けている人たち
を支えて、その人たちのメッセージを拡散することもできる。

社会的弱者への支援をする5ヵ条

1 マイクを譲る | 自分には直接影響しない問題について話す場を与えられたら、影響を被っている人にその機会を譲る。決して、当事者本人やグループからマイクを奪わない。

2 第三者介入を実行する | 誰かがいじめられたり嫌がらせを受けたりしているのを見かけたら、必ず何か言おう。

-231-

でも、あなたが身代わりになって戦わなければ、と思い込んではだめ。実際、その人は余計に気まずい思いをするかもしれないし、あなたが加わるせいで事態がエスカレートして、ますます危険になる可能性もある。いい方法のひとつは、第三者介入——加害者を無視して被害者に直接語りかけ、大丈夫かと尋ねる。そして、一緒に歩こう、一緒に腰かけようと提案する。公共の場で知らない人から嫌がらせを受けている場合なら、さもその被害者を知っているように装い、会話を始める。この方法は、友人（または見知らぬ人）がパーティーやイベントでセクシュアルハラスメントを受けていて、早く連れ出してあげたい場合にも有効だ。

3 はっきりと声をあげる、でも割り込まない

支援者であり、特権も持っている場合、弱い立場の人が望むものを自分は知っていると思い込まないように。不当な問題についてみんなに説明すべきだけれど、当事者を呼んで体験を語ってもらう前に、自分が勝手に意見を述べてはいけない。

4 じっくりと耳を傾ける

社会的に弱い立場にある人が自分に降りかかる問題について話すときは、その人を信頼して話をよく聞こう。抑圧を受けている当事者の生の体験談は、支援者としてのあなたの意見よりも迫力がある。すべてに賛成できないとしても、その場で討論すべきではない。同じアイデンティティーを持つ人同士で、あるいはコミュニティーのなかで、対立する考えがいろいろとあるのは構わないけれど、どれが正しくてどれが間違っているかを決めたり説明したりするのは、あなたの仕事じゃない。

5

> 自分で自分に教える

自分と異なるアイデンティティーの人の経験を知るのは、興味深いことかもしれない。でも、その人たちに直接教えてほしいと頼んではいけない——多大な時間と労力を使わせてしまうから。自分で答えを探さなくちゃ！　インターネットで調べるだけでも、いろいろなことがわかる。その方が、すごく個人的なことを質問して不快な思いをさせる可能性も低い。

声を張りあげるのは叫べるからではなく、声なき人の声を聞いてもらえるからです。

マララ・ユスフザイ　パキスタン人活動家（アクティビスト）。ノーベル平和賞受賞者

悪意なき差別（マイクロアグレッション）

あからさまに冷酷ではないけれどちょっと侮辱的なことを、誰かが言ったりしたりするのを見たことはある？——たとえば、女子は重いものを持てないと決めてかかっている男子や、髪や肌の色について人種差別的なことを口にする人。誰かが誰かに差別的な噂話をするのを、たまたま聞いてしまったことはある？——聞いただけで、ぎょっとなるようなこと。

そういう例は、どれも悪意なき差別（マイクロアグレッション）に当たる。ちいさな日々のやり取りのなかで、意図があるにせよないにせよ、社会的弱者を敵視したり侮辱したりする態度を取ったり、言葉を発したり、状況を作り出したりする。大したことではなくても、積もり積もれば抑圧となり、差別された

第 7 章　声をあげる、支持する

人は疲弊してしまう。悪意なき差別という言葉は1970年に、ハーヴァード大学医学部の黒人精神科医、チェスター・ピアース博士によって作られた。日常的に耐えなければならない黒人以外の人からの侮辱や差別に、名前をつけたかったそうだ。悪意なき差別は人種に関するものが多いが、現在では、すべての社会的弱者が経験する、小さいけれども傷つけられる、あらゆる日常的な差別を広く意味する言葉となった。

　攻撃するつもりがなく、自分の言葉の意味にまったく気づいていないケースは多い。でも、だからといって見すごすわけにはいかない。悪意なき差別をなくす唯一の方法は、目にしたり耳にしたりしたら、指摘することだ。

> 不正に立ち向かうのは大切だけれど、自分の身の安全は常に確保しないといけない。指摘されると気を悪くする人も、なかにはいる。そういう人は心がとても弱く、あまりにも多くの特権を持っているせいで、たとえわずかな批判でも大げさに受け止める。

　役に立つ戦術をいくつか挙げる。友人、家族、同僚など、交流のある人と話す場合に適している。

戦術 1：その人の考えについて説明を求める　言い方：「わからないわ。どういう意味？」——相手が口ごもりながら、自分が言ったトランスジェンダー嫌悪的、人種差別的、性差別主義的ジョークのどこがおもしろいのかを説明すると

ころを観察する。相手が降参するか、侮辱したと認めるまでやめない。

戦術２：相手の自尊心に訴える 言い方：「あなたは、『○○○（性差別主義的な言葉）』が人を傷つける侮辱的な言葉だって知ってるはずよ。本当は、あんなことを言って回る気はなかったのよね」──よく知っている、うっかりしただけでしょう、と繰り返して弁解しにくくする。

戦術３：善良な性格に期待する 言い方：「あなたは本当に思いやりのある人だもの、人を傷つけようなんて思わないって知ってるわ。でも『○○○（障がい者を差別する言葉）』は、すごく侮辱的よ」──たとえ間違いを指摘しても、あなたはその人に敬意を持っていると思い出させる。

戦術４：その人の価値観を思い出させる 言い方：「うちのおじいちゃんとおばあちゃんは、知らない人にもいつも親切にして、すばらしいお手本だったよね？」または、「聖書は、お互いを無条件に愛しなさいと言ってるよね？」──その人があなたと共通の価値観を持っているなら、それはどういう価値観かを思い出してもらう。

戦術５：その人自身ではなく、その人がしたことを問題にする 言い方：「その言葉は人種差別的よ」──本当に理解してもらいたければ、中傷にならないようにする。「あなたは人種差別主義者よ」と非難しても、相手は自己弁護しようとするだけ。

-235-

第 7 章　声をあげる、支持する

あなたが指摘されたらどうするか

　間違いは誰にでもある——大切なのは、間違いから学んで改めること。一目置かれ、好感を持たれる方法を挙げておく。

1　自己弁護しない　不快な状況を進んで受け入れる。自己弁護しても状況を悪化させるだけ。

2　きちんと耳を傾ける　心を開いて相手が言うことを聞く。言い逃れをしようとしたり、傷つけてしまった相手の話を遮って何か言おうとしたりしない。

3　謝る　言葉を濁さない。「あなたの気持ちを傷つけたとしたら申し訳ない……」なんて曖昧な言い方はしない。相手を傷つけたと認めなきゃ。

4　感情的になっていると簡単に片づけない　「感情的になっている」と相手を非難して、自分が与えた抑圧を極端に小さく見せようとしない。あなたにとっては何でもない言葉や行動が、他の人にとってはとても大きい場合もある。

5 〻 自分の感情を
持ち込まない

少し時間を取って、なぜ間違ったかを考える。
罪悪感でいっぱいになってはだめ。心の真ん
中に置くのはあなたではなく、あなたが傷つ
けた人。

6 〻 トーンポリシングを
しない

何かの問題について、あなたが「落ち
着く」まで、「大人の振る舞いができる
まで」、議論はしないと大人から言わ
れたことはない？　うん、むかつくよね。落ち着いて、または冷静に、礼
儀正しく話したり行動したりできるまで、話を聞かないとか議論をしな
いとかいうのが、トーンポリシング。社会正義の点から言えば、何が何
でも礼儀正しさを求めるのは筋違いだし、礼儀正しくなければ問題を論
じられないわけじゃない。

7 〻 言い訳はやめる

「私にもゲイの友人がいます！」。うーん、
これって何のためになる？　社会的に立場
の弱い友人がいるからといって、人を傷つ
けるようなことを言っても許されるわけじゃない。

8 〻 以後は改めると
約束する

行いを改めると約束し、約束を守り続ける。

覚えておいてほしいこと

1
みんなそれぞれ違う特権を持ち、同時に抑圧も抱えている。自分をどう認識し、どう表現するかは人それぞれ

自分に特権があるからといって、恥じる必要はない。特権があると気づくことが大切。行動したり話をしたりする前に、自分の特権について、他の人の抑圧について、よく考えよう。他の人やグループによい影響をもたらすために、何かこれまでと違うことをできない？　悪意なき差別（マイクロアグレッション）を経験したとき、自分の気持ちを相手に伝えて理解してもらうには、どうすればいい？　同じような気持ちを持つ人と話し合って、みんなのためになる戦略を見つけよう。

2
言葉は大切。その人の考えを表すから

支援者になるのは、言葉に敬意を払うということ。自分とアイデンティティーが異なる人と話すときは、相手が好む言い方や呼び方をする。友人や家族にも、アイデンティティーが異なる人とやり取りする場合は言葉に気を使うべきだと助言する。

3 間違うこともある。でも、だいじょうぶ

間違うのは気まずいものだけれど、勉強の機会だととらえる。へまをやらかしたと認めて、人を傷つけたことを誠実に謝罪し、以後は改める意志を持って前へ進む。1人になって起きてしまったことを思い返すのはいいけれど、自分を責めるのはだめ。他の人に寄り添おうとするときと同じように、自分を理解して自分にも親切にする。

第 8 章

自分と自分の
コミュニティー
を大切にする

女子の抵抗運動は、女子が自分とお互いを
大切にしなければ進まない。
周りのみんなを大切にすることは、
自分を大切にすることにつながる。
「セルフケア」とは、
休息でも、気晴らしでも、食べ物でも、
Netflix でも何でも、
自分の身体と心に必要なものを与えること。
セルフケアは、
運動のゴール達成に有効な生き残り戦略だ。
なぜって、そのおかげで私たちは
ゴールに向かって前進し、
戦い続けられるから。
気が重いときは、一息入れてバランスを取り戻そう。

さあ、栄養補給しよう！

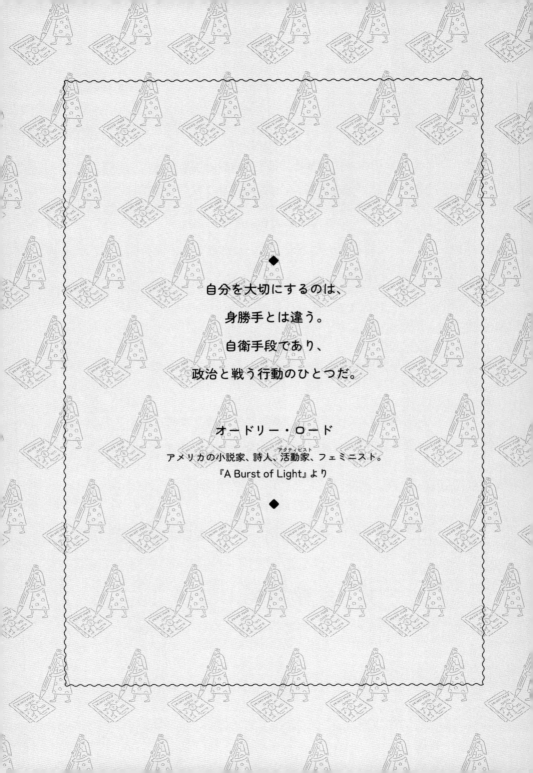

◆

自分を大切にするのは、
身勝手とは違う。
自衛手段であり、
政治と戦う行動のひとつだ。

オードリー・ロード
アメリカの小説家、詩人、活動家(アクティビスト)、フェミニスト。
『A Burst of Light』より

◆

運動

によって、無数のストレスや不安にさいなまれることがあります。変化を起こせば世の中の不公正が減り、気持ちが晴れ、力が湧いてきます。でも一方で、運動が心身に強いる大きな負担は、あなたから多くのものを奪いかねません。打ち合わせ、電話、ソーシャルメディア、学習、説明、演説など、恐ろしいことが毎日次々と襲って来ます。

そのうえ、学校、家族、友人、仕事など、日々のいつもの生活があります。さらに、あらゆることの一番上にあるのが、アイデンティティーの交差による日常的な抑圧——性差別、人種差別、階級差別、障がい者差別、同性愛嫌悪、トランスジェンダー嫌悪など、さまざまな差別——です。こうしたストレスや不安はただの思いすごしではないし、気にしすぎだなんて言われる筋合いはありません。複数の研究によれば、社会的に弱い立場にある人のほぼすべてが記録的なレベルのストレスを抱え、「押し潰されそうな気がする」と感じているティーンエージャーは20年前の2倍に達しています。他の人を助ける方法がわかったら、次はどうやって自分を助けるかです。

この章では、自分の心身を健康に保つという重要な仕事について考えます。その結果、より幸せでバランスの取れたあなたになるのです。

セルフケア・プランを作る

運動はハードワークだ。バーンアウトしたり、不機嫌になったり、疲弊したりしていては、女子の抵抗運動どころじゃない。理念は大切だけれど、あなたも大切。あなたのすべて——身体、精神、感情——が大切。セルフケアのプランを立てると、特別な戦略とその実行法について、い

やでも考えさせられ、「だいじょうぶ、その内ちゃんと寝るから」なんて言うだけではすませられなくなる（ヒント：「その内」なんて、永遠に来ない）。

運動プランを立てるときの言葉を思い出してみて——まず戦術、ではなく、まず戦略。今度のゴールは、あなたを新鮮な気分にさせて、抵抗モードに戻る準備を整えること。ターゲットはあなた自身。戦略は、あなたが何でリラックスできて、あなたに何が使えるかで決まる。あなたが使えるものは、おそらく時間、家族、友人、メディア、お金、心地よい自分のベッド。では、プランを立てて、どうすればいいかを考えよう。

マインドマップを作る

第2章で、問題を選ぶのに使ったマインドマップを覚えている？　あのときと同じツールを、今度はセルフケア・プランを作るのに使う。

円を4つ描いて、それぞれに「きっかけ」、「心」、「身体」、「サポートネットワーク」と名前をつける。

きっかけ｜まず、何が原因で気持ちがふさぐのかを考える。何にうんざりするのか、何に腹が立つのか、何が怖いのか、何が不安なのか？　「きっかけ」の円の周りにすべて書き出す。

そして次は、何が気分をよくしてくれるかを確認する。どんなアクティビティをするとリラックスできるか、冷静になれるか、くつろげるか？「心」と「身体」の円の周りにそれぞれ書き出す。

心をリフレッシュさせるアクティビティ｜精神と感情に栄養を与えて健康にする——読書、映画鑑賞、スマートフォンのゲーム、音楽。

身体をリフレッシュさせるアクティビティ

身体に栄養を与えて健康にする——ヨガ、犬の散歩、マニキュアをする、上等なお茶を淹れる、長時間爆睡する。

サポートネットワーク

アドバイスをもらえる人たちのネットワークを作る——学校の先生、友人、家族の誰か、コーチ、聖職者、上司、飼い猫（猫も家族）など。サポートの方法は人によって違うことを頭に入れておいて。どんな人がいるかを「サポートネットワーク」の円の周りに書き出す。

　書き終わったら、自分のプランを見てみよう。サポートや、心身を健康にするアクティビティは足りている？　足りない場合はどうすればいい？　あなたがつながっている人は誰？　コミュニティーはどれ？　足りない部分を補足するために、何ができるかを書き出す。すべて書けたら、そのセルフケア・プランを目につくところに置く。プラン通りに目標を果たせない日があっても構わない。セルフケアが新たなプレッシャーになってはいけない。もしもそうなったら、この戦略はいったん忘れよう。そして、サポートネットワークの手を借りる。友だちと出かける日を決める。ホットラインに電話する。

　誰だってもがいている。あなただけじゃない。すべてを自分1人で解決しなくても、まったく構わない。

日記のパワー

　日記は、日々の考え、感じたこと、いたずら書きなど、あれこれ書き留めておく記録だ。自分の考えをまとめたり振り返ったりする手助けとなり、長期間の自分の成長の記録にもなる。大きな不安、憂鬱が消えない

ときは、日記に全部書き出そう。でも、勝手に編集するのはダメ。どんなに小さなことも、全部ありのままに書く。自分には、長所と短所の両方があるのを忘れないで。私たちは、ときどき長所を忘れる。

　紙の日記帳や手書きでなくても構わない。Wordで書いてもいいし、Tumblrなどのブログに書いてもいい。文章でも、スケッチでも、コラージュでも、頭の中から考えを吐き出すのに役立つなら何でもいい。お勧めのアイディアを挙げておく。

確認メモを作る｜日記に、セルフケアができているかどうかがわかる欄を設ける。チェックマークをつけるようにするとセルフケアに気をつけるし、どれぐらいできているかを確認しやすくなる。

自分に感謝する｜お礼状を書く……自分に！　あなたがあなたのためにしたすべてのことに、毎日ありがとうと言う——あなた自身の安全、健康、幸福、恩恵にありがとうと言う。あなたほどあなたの面倒を見る人は、他にいないもの！

セルフケアの自撮り

自撮りなんて、目立ちたがり屋がすることでくだらないと思う人もいるかもしれない。そんなことない！　自撮りは、私たち女子が自分で撮った自分の写真を世に出すひとつの手段。だから、誰が何と言おうと、自撮りが恥ずかしいなんて思わなくていい。

-246-

実は、内省、セルフケア、抵抗運動には、自画像がパワフルな
ツールとして役立つ。何世紀も前から、女性は自画像によって
自分たちの身体やストーリーに関する権利を主張してきた。た
とえばメキシコの画家、フリーダ・カーロは、多くの自画像で
自分の身体に関する権利、ジェンダー、病気、パワー、植民地主
義といったトピックを取りあげてきた。自撮りは、カーロが描
いたような自画像の現代バージョンだ。

自撮り写真をシェアしてもしなくても、自撮りはセルフケア
プランのひとつとなり得る。女子に向かってきみたちは魅力
的じゃない、実力不足だ、なんて平気で言い続ける世の中では、
自撮り写真は女子に必要な清涼剤となる。今度自撮りをすると
きは、まず自分自身の好きな部分や自分がしたいことをすべて
思い出してみて。そして、シャッターを切る！

セルフケアとしてのコミュニティーケア

　セルフケアというと、「温泉に行きなさい！」、「マニキュアをしなさい
よ！」なんてアドバイスされることがやたらと多い。もちろん、あなた
にとって効果があるなら、お金もあるなら、そうすればいい。でも、セル
フケアは他にもいろいろとあるし、お金をかけなくてもできる。

　温泉に出かけて散財すればいいわけじゃない。たとえば、生活必需品
も充分に買えない状況だとしたら、ストレスはとても大きく、自分のた
めに何かいいことをしようと想像するのもむずかしい。また、差別を受
けていると、セルフケアなんて自分には贅沢だと思うかもしれない。不

安くて簡単な
セルフケアのアイディア

自分1人でも友だちと一緒でもできる、お金がかからなくて、しかも自由なセルフケアのアイディアを試してみて。

子どもになって遊ぶ　自分のなかの子どもの部分に気持ちを向ける。大人用（子ども用でもいい）の塗り絵をする、レゴで何かを作る、キラキラのスライムを作る、パズルをする、ブランコに乗る。あなたの周りに小さな子どもやペットはいない？　いたら一緒に遊ぼう！

ストリーミングする　Hulu、Netflixなど、人気のストリーミングサイトの基本料金はたいてい10ドル以下で、追加料金なしで視聴できるプログラムが用意されている。YouTubeにも、無料（しかも合法）で見られる映画がいくつもある。

図書館を利用する　図書館では、映画、雑誌、音楽も借りられるし、自由に検索できるデジタル・アーカイブを備えているところもある。それに、図書館は静かだし、快適な椅子もあって、気晴らしにはもってこい。直接行けないとしても、たいていはeブックをダウンロードできるので、貸出期間内で「借りる」ことができる。

ストレスフリー・ゾーンを作る　手近にあるものでリラクゼーション環境を作る。ろうそく、お香、エッセンシャルオイル、好みのオーデコロンなどを使い、リラクゼーション・

ミュージックをかける。何でもいいから、気分がよくなることをする。ダンスとか、ヨガとか、ストレッチとか、ただじっとするとか。

自然の中へ行く 　近くの自然公園へ行くのもいいし、家のすぐそばに出かけるだけでもいい。身体を動かすと、悲観的なことが頭から消えてくれる。

ゴシゴシ洗う 　すべてをはぎ取って本当の自分になりたいときは、シャワーやお風呂が一番。音楽に合わせて身体を動かすのにもぴったりの場所だし、ミニメディテーションにも向いている。

すべての電源を切る 　私たちの多くは、あまり意識せずに多くのデバイスにつながっている。そのせいで大きな不安に襲われているわけではないとしても、1日だけでも、1時間だけでも、スマートフォンやその他の電子機器の電源を切ってみよう。最初は変な感じがするかもしれないけれど、少しずつ自分の内側とつながっている気がしてきて、自分が本当はどうしたいのか、何を必要としているのかが感じ取れるようになる。

昼寝する 　＃ぐっすりお休み。

第8章　自分と自分のコミュニティーを大切にする

安や抑圧にさいなまれていると、世間に立ち向かう気力さえ持てず、罪悪感と無気力のスパイラルに陥りかねない。

　そんなときは、**コミュニティーケア**。自分でセルフケアができないときは、コミュニティーケアを頼ろう。あなたに自己管理を促し、身体と心の余裕を見つける手助けをしてくれる人があなたには必要。コミュニティーケアの概念は、1人になるのが再充電に一番いいとは限らないという進歩的な考え方から生まれた──互いに助け合えば、みんなの気が晴れることもある。

　誰かとすごくいい話し合いをしたことはある？　すごく、すごくいい話し合い。そんな気分になれるのが、コミュニティーケア。

コミュニティーケアの5つのアイディア

1　**人と話す**｜友だちに電話して元気かと尋ねたり、メッセージを送信してあなたのことを考えていると伝えるだけでも、立派なコミュニティーケアになる。2016年、フロリダ州オーランドにあるゲイナイトクラブで、ラテンアメリカがテーマのイベントが開かれた夜に乱射事件が起きた。その後、大勢のストレートの人（そしてLGBTの人）が、私を支持するとメッセージをくれた。私もラテンアメリカ系の人たちに、同じように支援のオープンメッセージを送った。

2　**パーティーを開く**｜他の活動家（アクティビスト）も参加できる夜のイベントを開く。お泊り会とか、ディナーやお茶の会とか。私は週に1回、フェミニストグループのお茶会に顔を出す。疲れて行きたくないときもあるけど、行けば、帰りにはエネルギーがいっぱいになっている。

-250-

3 そっとしておいてほしい気持ちを尊重する

コミュニティーケアはパワフルで楽しい。でも人によっては、他人との交流でストレスが解消されるどころか、かえって増えてしまう場合もある。グループで話す気分じゃないと思ったら、今はそっとしておいてほしいと頼むことが大切。逆に、そっとしておいてほしいと思っている人がいたら、それを尊重しないといけない。

4 友だちと出かける日を決める

信頼できる人に頼んで、あなたのようすをチェックして定期的にセルフケアしているかどうかを確認してもらう――そして、あなたもその人のためにそうしてあげると提案する。連れだって少し散歩するとか、好きなショーを立て続けに見るとか。

5 活動の一環としてコミュニティーケアをする

社会の中で一番弱い立場にいる人たちやそのコミュニティーは、セルフケアの時間を取ったりチャンスを得たりするのも簡単ではない。あなたの活動の一環として、そういう人たちにセルフケアをしてもらおう。同じような興味や経験を持つ人たちを集めるのもいい。編み物をしながら愚痴をこぼす会とか、トランスジェンダーヨガ教室とか、車いすバスケ教室とか、クィアの作家のワークショップとか、あなたの活動につながるフェミニストのクラブを立ちあげる。セルフケアやコミュニティーケアについて、そういうものがなぜ大切かについて、みんなに教えてあげよう。

第8章　自分と自分のコミュニティーを大切にする

あなたが感じているのは、当たり前の感情

運動に本気で取り組んでいると、そのせいで心的外傷（トラウマ）を体験することもある——問題が直接あなたを苦しめることもあれば、大切な人が苦しむのを見るのがつらくてあなたが苦しむこともある。そういう心的外傷（トラウマ）を、**二次受傷**、あるいは**代理受傷**という。支援を受ける人が体験する心的外傷（トラウマ）があなたにうつって、情緒を不安定にさせる。

また、感情移入が続いて心身がくたびれているせいで、無気力になってしまうことも考えられる。その感覚は、**共感疲労**といって、うまく対処しないとバーンアウトにつながることもあり、よくない。無気力になって気遣うことも考えることもできなくなったら、運動どころじゃない。

私たちは自分でも知らないうちに、ストレスが大きすぎて心や身体や精神が健康でなくなる状態、バーンアウトに向かって突き進む。ストレスや心的外傷（トラウマ）が日常的にあると、それを当たり前と感じるようになり、何が自分を押さえつけているのかがはっきりとわからなくなる。

こんなふうに感じたら、バーンアウト寸前

- めちゃくちゃ疲れている
- 眠れない
- 不安、神経過敏
- 罪悪感、羞恥心
- 集中できない
- 自分、または他人に腹が立つ
- 不機嫌でイライラする
- 心細い、孤独
- よい面に目が行かない
- 体調が悪い、吐き気がする

- 正しいことが何もできない　・ヒリヒリする、痛みが続く
- 悲しい、憂鬱

　こういう問題や感情に自力で対処できなくても、おかしくなんかない。たけど、自分がどういう影響を受けるかを知っておくのは大切。

◆ こういうことをいつもよりも強く、あるいは頻繁に感じている？
◆ 自分で解決するのはむずかしそう？

　一番大切なこと：そういう問題や感情を無視しない。幸い、あなたが利用できる無料の情報源はたくさんある。心や身体の健康を取り戻すのは、恥ずかしいことじゃない——たとえ時間がかかっても、しばらくは活動を中止しなくちゃいけなくても、専門家の手を借りたとしても。今すぐ誰かと話したいと思ったら、相談して。

　以下のホットラインの多くは、メールやチャットも受け付けている。

　全国自殺予防ホットライン、全国自殺ホットライン、ティーン・ライン（ティーンによるティーンのサポート）、トレバー・プロジェクト（ＬＧＢＴＱユース）、トランス・ライフライン、全国性的暴行ホットライン、全国家庭内暴力ホットライン (＊8-1)

忘れないで：話を聴いてくれる人はいつもそばにいる。

第 8 章　自分と自分のコミュニティーを大切にする

＊8-1　日本の自殺予防ホットラインは、以下を参照。
・公益財団法人青少年健康センター　クリニック絆（http://skc-net.or.jp/kizuna）
・Mex（ミークス）　家族や友達・からだ・勉強など人には言えない「困ったかも」を手助けする10代
　のためのWebサイト。（https://me-x.jp/）
・特定非営利活動法人　自殺対策支援センターライフリンク（http://www.lifelink.or.jp/hp/link.html）
・こころの健康相談統一ダイヤル（https://www.mhlw.go.jp/stf/seisakunitsuite/bunya/0000117743.
　html）
・自殺総合対策推進センター　（https://jssc.ncnp.go.jp/soudan.php）
・一般社団法人　日本いのちの電話連盟（https://www.inochinodenwa.org/）

覚えておいてほしいこと

1 { 活動は簡単じゃない

精神的に参っていたら、ベストを尽くすことはできない。疲れ果てたり気力がなくなったりしたら、そろそろ再充電。あなたがリラックスしたり、リフレッシュしたりするのに必要なものは何？ アドバイスをくれたり、相談相手になってくれたりするのは誰？ バーンアウトや疲労の警告サインを無視しちゃいけない。

2 { 自分の感情を弁明しなくてもいい

感情を理屈で説明する必要はないし、感情はこう「あるべき」だとか「あるべきでない」とか自分に言い聞かせても、惨めになるだけ。疲れを感じたら、疲れている。怒りを感じたら、怒っている。幸せを感じたら、幸せだ。それが感情の働き！

3 { 身体に ── そして脳に！ ── 休憩を

健康的な（そしておいしい！）食事をしよう。音楽を聴いて、日記をつけて、自撮りして、ただボ〜ッとしよう。セルフケアはパワーを与えてくれる、必要なもの。いつも思い出して、絶対に忘れないで ── あなたは大切にされる価値がある。さあ、元気を取り戻して抵抗しよう！

著者について

ケイリン・リッチ

ニューヨーク自由人権協会アシスタント・アドヴォカシー・ディレクター、

フリーライター、ブロガー。本書は処女作

訳者について

寺西のぶ子

てらにし・のぶこ

京都府生まれ。

訳書にブース『英国一家、日本を食べる』『英国一家、ますます日本を食べる』(以上、亜紀書房)、

『英国一家、インドで危機一髪』『英国一家、日本をおかわり』(以上、KADOKAWA)、

『ありのままのアンデルセン』(晶文社)、レヴェンソン『ニュートンと贋金づくり』、

ホフスタッター『わたしは不思議の環』(以上、白揚社)、タッカー『輸血医ドニの人体実験』、

ジャクソン『不潔都市ロンドン』(以上、河出書房新社)など多数。

世界の半分、女子アクティビストになる

2019年5月15日 初版

著者　ケイリン・リッチ

訳者　寺西のぶ子

発行者　株式会社晶文社

〒101-0051　東京都千代田区神田神保町 1-11

電話　03-3518-4940(代表)・4942(編集)

本書の無断で複写複製することは著作権法上での例外を除き禁じられています。

<検印廃止>落丁・乱丁本はお取替えいたします。

印刷・製本　ベクトル印刷株式会社

URL http://www.shobunsha.co.jp

Japanese translation © Nobuko TERANISHI,2019　ISBN978-4-7949-7085-5 Printed in Japan